EDITORIAL PATMOS

I0887275

El corazón y el carácter del líder

Cultivando la naturaleza de Cristo

Frank Damazio

El corazón y el carácter del líder

Publicado por Editorial Patmos, Miami, FL EUA 33169

Publicado originalmente en inglés por City Christian Publishing, 9200 NE Fremont, Portland, Oregon 97220, con los títulos *The Heart All Leaders Must Develop,* © 2006 por Frank Damazio y *The Character All Leaders Must Have,* © 2005 por Frank Damazio.

Originally published in English by City Christian Publishing, 9200 NE Fremont, Portland, Oregon 97220, with the titles of *The Heart All Leaders Must Develop,* © 2006 by Frank Damazio, and *The Character All Leaders Must Have,* © 2005 by Frank Damazio.

International Rights contracted through: Gospel Literature International P. O. Box 4060, Ontario, CA 91761-1003 USA

A menos que se indique lo contrario, las citas bíblicas se toman de la Nueva Versión Internacional, © 1999 por la Sociedad Bíblica Internacional. NTV (Nueva Traducción Viviente), RV1960 (Reina Valera 1960), PDT (Palabra de Dios para Todos), TLA(Traducción en lenguage actual), DHH (Dios Habla Hoy), NVI (Nueva Versión Internacional), RVC (Reina Valera Contemporánea), LBPH (La Palabra [versión hispanoamérica]).

Traducido por Ana Rebeca Castillo
Diseño de portada por Elisangela Santos

ISBN: 978-158802-689-7
Categoría: Liderazgo/Ministerio.

Impreso en Brasil/Printed in Brasil

Contenido

Primera Parte

El Corazón que todo Líder debe Tener

Segunda Parte

El Carácter que todo Líder debe Desarrollar

Primera Parte

El Corazón que todo Líder debe Tener

Capítulo 1

El Corazón de un Líder

Históricamente, hablar del corazón incluye tanto lo físico y como lo espiritual y lo emocional. El corazón se ha considerado la fuente de los pensamientos, pasiones, apetitos, afectos y esfuerzos del ser humano. Cuando Dios le pide a los líderes que le entreguen su "corazón", Él solicita su vida completa, incluyendo todo lo que se encuentra en lo profundo de su ser.

Cualquiera que sea tu llamado en el ministerio, el rol del liderazgo se presentará en algún punto de tu servicio en la Iglesia. ¿Tendrás las características para calificar? ¿Estarás preparado para una aventura inimaginable?

La realidad es que Dios se ha comprometido a ayudarte a crecer en tu fe. Tu nivel de compromiso y cooperación es el factor que te guiará hacia un corazón capacitado para el liderazgo. Dios está buscando personas confiables, que compartan el amor y la preocupación que Él tiene para con su Iglesia.

Este libro trata acerca de las cualidades del corazón y los requisitos para el liderazgo que todo cristiano debe tener:

- El corazón de un padre.
- El corazón de un siervo.
- El corazón de un pastor.

Si has sido llamado a ministrar en el Cuerpo de Cristo, la Iglesia, estos deben ser los requisitos y el fundamento de tu ministerio. En la congregación, estos serán el alma y cuerpo de tu servicio. Estos son los atributos del corazón en los que se depende para lograr nuestro potencial, no solamente como líderes, sino también como cristianos.

¿QUÉ ES EL CORAZÓN?

¿Qué es lo que Dios implica cuando les pide a sus ministros que le entreguen su corazón? En la mentalidad del mundo occidental, la palabra "corazón" puede significar mucho más que el órgano físico, ya que incluye los sentimientos y emociones de una persona. Por ejemplo, cuando un hombre le dice a una mujer que le ama "con todo su corazón," significa que es con intensidad. Sin embargo, en la cultura oriental este término podría tener diferentes connotaciones.

Significado en hebreo: En la mentalidad de los hebreos de la era antigua, el significado de "corazón" no sólo abarcaba las emociones de una persona, sino también su vida física, espiritual y mental. Los hebreos consideraban al ser humano como una unidad, y el término "corazón" se entendía en este contexto. La palabra en hebreo para corazón es *labab*, que significa lo interior, lo oculto o lo íntimo de algo o alguien. La Biblia utiliza el mismo término *labab* en ciertas frases como "el fondo del mar" (Éx. 15:8), "hasta el cielo mismo" (Dt. 4:11), "en medio de la encina" (2 Sam. 18:14), y "las entrañas de la tierra" (Mat. 12:40).

No obstante, en el hebreo la palabra corazón significa el lugar donde se acumula toda la energía y el enfoque de la vida de una persona. El corazón es el trono donde la vida misma se sienta. Al relacionar esto con el ministerio, cuando el Señor le pide al hombre su corazón, Él requiere que esta persona se involucre con todo su interior en la labor divina en la tierra.

Significado en griego: Una de las palabras en griego comúnmente traducidas como "corazón" es la palabra *kardia*. Su significado implica donde está el centro, la sede de la vida, incluyendo tanto los aspectos espirituales como los físicos. Esto incluye características del cuerpo y del alma. Se utilizaba la palabra *kardia* para referirse a la mente como la fuente y la residencia de los pensamientos, pasiones, deseos, apetitos, afectos, propósitos y esfuerzos del ser humano. Haddon W. Robinson, un erudito en griego, explica que por *kardia* se entiende lo que es la personalidad, el carácter y vida interior de un individuo. Este término es utilizado 250 veces en el Nuevo Testamento.

Una definición general de la palabra "corazón" sería el núcleo de una persona que incluye su cuerpo, mente, emociones, personalidad, carácter y espíritu. Cuando el Señor les pide a sus líderes que les den sus corazones, Él les pide que le entreguen su vida completa.

La importancia que tiene tu corazón

El corazón es el órgano más importante del cuerpo. Sin este, los diferentes órganos del cuerpo, los procesos y las funciones vitales dejan de funcionar y se acaba la vida. Podemos encontrar varios ejemplos paralelos entre el corazón espiritual y el corazón físico, mostrando su gran importancia en la función y la vida espiritual:

> El corazón físico está localizado aproximadamente en el centro del pecho del ser humano.
>
> El corazón espiritual debe estar localizado en el mismo centro de los pensamientos, acciones, palabras y ministerio de cada líder, ya que se convierten en la motivación de las acciones de su vida.

★★★

Cada corazón físico tiene el tamaño del puño de su dueño.

Cada corazón espiritual tiene el tamaño de las acciones que realiza con sus manos.

***

En el corazón físico la sangre está compuesta por diferentes nutrientes consumidos por su dueño.

En el corazón espiritual, la vida de un líder está compuesta por lo que su mente y sus sentidos consumen. La pureza en la vida se obtiene por "comer" la Palabra de Dios.

***

El sistema de bombeo de sangre en un corazón físico está basado por un método de recibir y enviar. La sangre será recibida a través de una parte del corazón y enviada por medio del otro lado del corazón.

La comunicación de la vida espiritual de un líder está basada en su propia percepción del amor y del perdón de Dios, y después es enviada hacia los que le rodean.

***

Si el corazón físico está funcionando apropiadamente bombea sangre desde un lado del cuerpo hacia el otro.

Si el corazón espiritual de un líder está funcionando apropiadamente, pone en circulación la vida del Espíritu Santo.

***

El corazón físico bombea sangre a través de su cuerpo, limpiando el cuerpo de sus impurezas.

El corazón espiritual de un líder conoce y predica acerca del poder limpiador de la sangre de Jesucristo, la cual purifica al cuerpo espiritual de la Iglesia.

***

El corazón físico late automáticamente, sin el esfuerzo de su dueño.

El corazón espiritual de un líder muestra el amor, gozo, y la paz de Dios de manera natural, espontánea, y auténtica.

★★★

El corazón físico es más propenso a enfermarse cuando el cuerpo no es alimentado de una manera balanceada.

El corazón espiritual de un líder es más propenso a la enfermedad espiritual cuando este identifica verdades de la Palabra de Dios pero no las practica y las convierte en una parte activa de su vida.

★★★

El corazón físico es más propenso a sufrir de enfermedades y ataques cuando su dueño consume bebidas alcohólicas.

El corazón espiritual de un líder se vuelve propenso a enfermarse espiritualmente si se convierte en un consumidor constante de los placeres y deseos de este mundo.

★★★

El corazón físico se vuelve propenso a las enfermedades y ataques cuando se encuentra en un cuerpo que no se ejercita lo suficiente.

El corazón espiritual de un líder se vuelve propenso a las enfermedades del espíritu cuando no practica la voluntad de Dios como está expresada en su palabra.

★★★

El corazón físico se vuelve propenso a ataques y dolencias mientras experimente un nivel no saludable de estrés y tensión.

El corazón espiritual de un líder se vuelve propenso a las enfermedades del espíritu cuando este vive un estilo de vida con altos niveles de adrenalina, estrés y tensión al no entregar sus problemas a Dios en plena confianza.

***

El corazón físico se vuelve propenso a las enfermedades cuando tiene defectos heredados genéticamente.

El corazón espiritual de un líder se vuelve propenso a las enfermedades cuando no se arrepiente de sus pecados al renacer espiritualmente por medio del Espíritu Santo.

Todos estas similitudes, entre lo físico y lo espiritual, demuestran la importancia de que el líder mantenga un corazón espiritual saludable delante de Dios.

Protegiendo el corazón

De acuerdo a las escrituras, el líder tiene al menos tres razones para proteger su corazón.

La primera razón es que su corazón es la fuente de todas sus acciones y actitudes. Podemos ver esto en los siguientes versículos:

Proverbios 4:23

"Sobre todas las cosas cuida tu corazón, porque éste determina el rumbo de tu vida" (NTV)

"Sobre toda cosa guardada, guarda tu corazón; Porque de él mana la vida" (RV60).

"Vigila atentamente tu interior, pues de él brotan fuentes de vida" (BLPH).

Filipenses 4:7

"Y la paz de Dios, que sobrepasa todo entendimiento, guardará vuestros corazones y vuestros pensamientos en Cristo Jesús" (RV60).

"La paz de Dios hará guardia sobre todos sus pensamientos y sentimientos porque ustedes pertenecen a Jesucristo. Su paz lo puede hacer mucho mejor que nuestra mente humana" (PDT).

En estos versículos, se exhorta al líder a que proteja su corazón así como un soldado cuida las puertas de la ciudad. El líder debe vigilar para prevenir una invasión de valores que no están de acuerdo con la Palabra de Dios. Debe ser como un centinela que defiende la casa o el castillo de su rey, manteniendo un nivel alto de alerta y disciplina.

La segunda razón por la que un líder debe proteger su corazón es porque este es el origen de todo lo que habla y predica. Podemos ver un ejemplo de esto en Mateo 12:34b-35 donde leemos:

"Lo que uno dice muestra lo que uno es en su corazón. El que es bueno lo es en su corazón y habla de lo que tiene allí; de igual manera el malo lo es en su corazón y habla de lo que tiene allí" (PDT).

"Porque de la abundancia del corazón habla la boca.

El hombre bueno, del buen tesoro del corazón saca buenas cosas; y el hombre malo, del mal tesoro saca malas cosas" (RV60).

El corazón es un almacén que está lleno de tesoros buenos y malos, y cada líder debe vigilar y encargarse del mantenimiento de este. De lo que se encuentre en este almacén el líder producirá el contenido de lo que ofrecerá al pueblo de Dios, ya sea bueno o malo. El Antiguo Testamento provee ilustraciones hermosas acerca de esto. En la historia de Israel, muchos almacenes eran designados para beneficiar y proteger al pueblo, estos estaban llenos de trigo, vino, aceite, o armas. Tanto Salomón como Ezequías estuvieron muy orgullosos de la riqueza que sus almacenes contenían (1 Reyes 9:19; 2 Crónicas 32:28).

De la misma manera, cada líder debe preguntarse si el contenido de los almacenes de su corazón le causa orgullo o vergüenza. Por medio de estos, él debe alimentar y proteger al pueblo de Dios. Salomón puso en reserva trigo, vino, aceite, y armas para el pueblo de Israel. Hoy en día, el líder espiritual debe reservar en su corazón la Palabra de Dios, el gozo de Dios, la unción del Espíritu Santo y la armadura completa de Dios (Efesios 6:13-17).

La tercera razón por la que un líder debe proteger su corazón es para prevenir impureza espiritual, en sí mismo y en el pueblo de Dios. Esto puede observarse en las palabras de Jesucristo en Marcos 7:14-23:

"Y llamando a sí a toda la multitud, les dijo: Oídme todos, y entended: Nada hay fuera del hombre que entre en él, que le pueda contaminar; pero lo que sale de él, eso es lo que contamina al hombre. Si alguno tiene oídos para oír, oiga. Cuando se alejó de la multitud y entró en casa, le preguntaron sus discípulos sobre la parábola. El les dijo: ¿También vosotros estáis así sin entendimiento? ¿No entendéis que todo lo de fuera que entra en el hombre, no le puede contaminar, porque no entra en su corazón, sino en el vientre, y sale a la letrina? Esto decía, haciendo limpios todos los alimentos. Pero decía, que lo que del hombre sale, eso contamina al hombre. Porque de dentro, del corazón de los hombres, salen los malos pensamientos, los adulterios, las fornicaciones, los homicidios, los hurtos, las avaricias, las maldades, el engaño, la lascivia, la envidia, la maledicencia, la soberbia, la insensatez. Todas estas maldades de dentro salen, y contaminan al hombre."

El Señor Jesucristo dijo que el corazón que no se vigila puede ser el origen de un sinfín de situaciones terribles: pensamientos bajos y malvados, inmoralidad sexual, homicidios, robo, deseos codiciosos, maldad, conductas indecentes y desenfrenadas, un ojo que busca la maldad, una boca abusiva que calumnia y tergiversa maliciosamente, un corazón que se levanta con orgullo en contra de Dios y los demás, y un amor imprudente por el desenfreno.

Es una tragedia que en varios periodos de la historia de la Iglesia cristiana, la lista anterior es parte de la personalidad de los líderes más influyentes. ¿Qué salió mal? Tanto los lideres como aquellos que vinieron después no protegieron la integridad de sus corazones. En vez de pastorear al rebaño de Dios, estos líderes estuvieron dentro de los que "como ovejas se extraviaron". Estos líderes han hecho un habito de pasar de un placer hacia otro y han perdido la noción de la voluntad de Dios para la Iglesia.

Características del corazón

Al estudiar las Escrituras, es evidente que las características del corazón de un líder son de mucha importancia para Dios. Dios siempre pone a prueba (Deuteronomio 8:2), investiga (Jeremías 17:10), y examina (Proverbios 21:2) los corazones de sus líderes. Es la responsabilidad del líder mantener delante de Dios un corazón puro (Santiago 4:8).

¿Cuál es la condición de tu corazón? Esta condición será determinada por cómo reacciones a Dios, a las personas y las circunstancias a tu alrededor. Cuando te das cuenta de que alguien tiene una necesidad profunda, ¿muestras un corazón dispuesto para ayudar? ¿O muestras un corazón endurecido que dice: "Esto no tiene remedio"? ¿Cuándo el Señor te confronta con tu pecado, muestras un corazón sensible? ¿O muestras un corazón que demuestra una actitud de "Señor, ahora no por favor. Estoy en el medio de algo importante. Podemos arreglarlo después"? Cuando escuchas una buena prédica con verdades bíblicas que te inspiran a cambiar: ¿tiendes a retener las verdades en tu corazón y tomas la decisión de implementar estas verdades en la próxima semana? ¿O tiendes a mostrar un corazón de doble ánimo que disfruta la idea de descubrir algo nuevo pero falla en seguir adelante y accionar?

A continuación se presenta una lista de las cualidades del corazón de un líder, clasificándolas en positivas o negativas, junto con los versículos bíblicos que apoyan cada característica. Esta es una herramienta excelente para evaluar la condición de tu propio corazón. Por medio del Espíritu Santo y la Biblia, Dios puede utilizar este instrumento en usted para identificar y modificar cualquier condición que no sea saludable. Si ya eres, o deseas ser, un líder de la Iglesia, esto debe ser parte de tu "currículo espiritual", lo que debes aprender para poder ser ejemplo de salud espiritual. Es de beneficio a cualquiera con una actitud de disposición, leer y orar acerca de cada una de las siguientes características. La siguiente lista de cualidades positivas del corazón, es como una fuente de inspiración extraída de la Biblia.

Cualidades del corazón espiritual

Cualidades positivas :

Corazón afligido	Génesis 6:6
Corazón dispuesto	Éxodos 25:2
Corazón inquieto	Éxodo 35:21
Corazón sabio	Éxodo 35:35
Corazón perfecto	1 Crónicas 12:38
Corazón tierno	2 Crónicas 34:27
Corazón afligido	Nehemías 2:2-12
Corazón fiel	Nehemías 9:8
Corazón flexible	Job 23:16
Corazón íntegro	Job 33:3
Corazón que Medita	Salmo 4:4
Corazón de cera	Salmo 22:14
Corazón puro	Salmo 24:4
Corazón quebrantado	Salmo 34:18
Corazón que anhela	Salmo 38:10
Corazón defectuoso	Salmo 40:12
Corazón que proclama	Salmo 45:1
Corazón inmovible	Salmo 57:7
Corazón viviente	Salmo 69:32

Corazón establecido	Salmo 112:8
Corazón comprensivo	Proverbios 2:2
Corazón preservado	Proverbios 4:4, 21
Corazón sano	Proverbios 14:30
Corazón alegre	Proverbios 17:22
Corazón nuevo	Ezequiel 18:31, 36:26
Corazón de carne	Ezequiel 11:19
Corazón útil	Daniel 1:8
Corazón que reflexiona	Lucas 2:19
Corazón que perdona	Mateo 18:35
Corazón irreprensible	1 Tesalonicenses 3:13
Corazón purificado	Hebreos 10:22
Corazón alimentado	Santiago 5:5
Corazón santificado	1 Pedro 1:22
Corazón seguro	1 Juan 3:19
Corazón honesto y bueno	Lucas 8:15
Corazón ardiente	Lucas 24:25-32
Corazón sencillo	Hechos 2:46
Corazón en común	Hechos 4:32
Corazón abierto	Hechos 16:14
Corazón obediente	Romanos 6:17
Corazón circunciso	Romanos 2:29
Corazón creyente	Romanos 1-:9, 10
Corazón constante	1 Corintios 7:37
Corazón engrandecido	1 Corintios 6:11

Corazón cuidadoso	1 Corintios 8:16
Corazón que canta	Efesios 5:19
Corazón establecido	Hebreos 13:9

Cualidades negativas :

Corazón sencillo	Hechos 2:46
Corazón en común	Hechos 4:32
Corazón abierto	Hechos 16:14
Corazón malvado	Génesis 6:5
Corazón endurecido	Éxodos 4:21
Corazón defraudado	Deuteronomio 11:16
Corazón que no entiende	Deuteronomio 29:4
Corazón presumido	Ester 7:5
Corazón hipócrita	Job 36:13
Corazón orgulloso	Deuteronomio 8:14
Corazón firme	Job 41:24
Corazón inicuo	Salmo 41:6
Corazón perverso	Salmo 58:2
Corazón errante	Salmo 95:10
Corazón soberbio	Salmo 101:5
Corazón torpe e insensible	Salmo 119:70
Corazón solitario	Salmo 143:4
Corazón que menosprecia	Proverbios 5:12
Corazón engañoso	Proverbios 12:20
Corazón amargado	Proverbios 14:10

Corazón apóstata	Proverbios 14:14
Corazón imprudente	Proverbios 15:7
Corazón humano	Proverbios 15:11
Corazón abominable	Proverbios 26:25
Doble corazón	Santiago 1:8
Corazón herido	Salmo 109:22
Corazón malo	Mateo 15:19
Corazón rebelde	Jeremías 5:23
Corazón arrogante	Isaías 9:9
Corazón mentiroso	Jeremías 17:9
Corazón adúltero	Ezequiel 6:9
Corazón de piedra	Ezequiel 11:19
Corazón débil	Ezequiel 16:30
Corazón odioso	Ezequiel 25:15
Corazón penetrante	Ezequiel 27:31
Corazón animal	Daniel 4:16
Corazón dividido	Oseas 10:2
Corazón duro	Mateo 13:15
Corazón pesado	Proverbios 31:6
Corazón que razona	Marcos 2:6-8
Corazón envidioso	Santiago 3:14
Corazón lujurioso	Salmo 81:12
Corazón inquieto	Juan 14:1
Corazón incircunciso	Hechos 7:51
Corazón oscurecido	Romanos 1:21

Corazón duro e impenitente	Romanos 2:5
Corazón angustiado	1 Corintios 2:4
Corazón ciego	Efesios 4:18
Corazón descarriado	Hebreos 3:10
Corazón pecaminoso	Hebreos 3:12
Corazón condenador	1 Juan 3:20
Corazón abrumado	Salmo 61:2
Corazón insaciable de pecar	2 Pedro 2:14

Capítulo 2

EL CORAZÓN DE UN PADRE

Un líder que tenga el corazón de un padre se esforzará para mantener un balance mostrando reprensión con gentileza, enseñanza con paciencia, autoridad con amor, amonestación con elogios, y verdad con misericordia. Reconociendo que este balance es la clave que le permitirá tener un ministerio que de transformación y restauración.

Significados en griego: "De hecho, aunque tuvieran ustedes miles de tutores en Cristo, padres sí que no tienen muchos, porque mediante el evangelio yo fui el padre que los engendró en Cristo Jesús" (1 Corintios 4:15).

La palabra para "tutores" en el griego antiguo significaba un líder de niños, instructor, guía, guardián, o sirviente que cumplía el rol de llevar a los niños a la escuela. Entre los griegos y los romanos, un tutor podía ser un siervo o mayordomo fiel que estaba encargado de supervisar la vida y la moral de los varones de la clase alta de la sociedad. A los muchachos no se les permitía salir de la casa sin su tutor hasta que llegaran a la edad de madurez. La palabra conlleva la idea de seriedad; un instructor era un severo guardián y crítico de la práctica de las morales apropiadas para los jóvenes.

En esta frase que Pablo escribió a los cristianos en Corinto, él utiliza la palabra tutor como contraste. Pablo escribió a los cristianos en Corinto que ellos tenían muchos tutores o instructores (quienes ofrecen libremente enseñanzas rígidas y reglas estrictas) pero no muchos padres. La palabra "instructor" implica una relación maestro-estudiante donde el aprendizaje sucede, donde la palabra "padre" implica un relación padre-hijo donde hay amor. El libro de los Proverbios se basa en este concepto de la relación de padre e hijo. La sabiduría, conocimiento y entendimiento de la vida de un padre es transmitido hacia el hijo en una relación padre-hijo.

Significados en hebreo: El mensaje en la mayoría de los versículos de Proverbios es por medio de un padre hablándole a su hijo. Esto ilustra la actitud del corazón de un padre hacia su hijo:

> "Hijo mío, escucha las correcciones de tu padre y no abandones las enseñanzas de tu madre" (1:8).
>
> "Hijo mío, si los pecadores quieren engañarte, no vayas con ellos" (1:10).
>
> "¡Pero no te dejes llevar por ellos, hijo mío! ¡Apártate de sus senderos!" (1:15).
>
> "Hijo mío, si haces tuyas mis palabras y atesoras mis mandamientos;" (2:1).
>
> "Hijo mío, no te olvides de mis enseñanzas; más bien, guarda en tu corazón mis mandamientos" (3:1).
>
> "Hijo mío, no desprecies la disciplina del Señor, ni te ofendas por sus reprensiones" (3:11).

"Hijo mío, conserva el buen juicio; no pierdas de vista la discreción" (3:21).

"Hijo mío, atiende a mis consejos; escucha atentamente lo que digo" (4:20).

"Hijo mío, obedece el mandamiento de tu padre y no abandones la enseñanza de tu madre" (6:20).

La Iglesia de hoy

En la época en la que Pablo vivió, al igual que en la era actual, es verdad que la Iglesia podría tener 10,000 instructores, pero no la misma cantidad de "padres". Los ministros de la Iglesia, aun cuando son profesionales y académicos, pueden pronunciar sermones elocuentes e impresionantes que llegan hasta el fondo de nuestro corazón y pensamientos. Pero, ¿estos ministros son padres? Algunos seminarios religiosos producen maestros en serie, pero ¿adonde queda el enfoque en formar padres espirituales?

¿La Iglesia va a permitir que un liderazgo de conferencistas, educadores, e instructores le sigan robando la bendición espiritual que solo los padres espirituales pueden traer? El mundo tiene a su servicio miles de académicos eruditos, pero la Iglesia todavía está pidiendo que los verdaderos padres espirituales le ministren. La Iglesia no necesita más hombres robóticos con memorias llenas de información bíblica para instruir a los ignorantes en los caminos de Dios. La Iglesia necesita hombres que tengan un corazón para el pueblo de Dios y compasión hacia los necesitados.

Una computadora presenta información sin tomar en consideración aspectos como misericordia, amor, o comprensión. Si un líder no tiene el corazón de un padre, este mostrará el mismo nivel de amor, misericordia y comprensión que una computadora. La Iglesia necesita más que solo conocimiento e instrucción bíblica. Ella necesita que el corazón y la vida de sus padres espirituales sean transmitidos a ella. El hecho de impartir vida espiritual no puede ser algo que se aprende por medio de un libro o en una universidad. La vida espiritual solo puede ser aprendida en una relación cercana con Dios, con su pueblo, y el ejemplo espiritual de padres de la fe.

El corazón de padre de Jesús

Primero tomemos en cuenta las características del corazón de un padre en la vida del Señor Jesucristo, el ejemplo primordial para todos los líderes. Jesús fue la completa expresión del corazón del Padre celestial en la tierra. Sus palabras, su mentalidad, y sus acciones manifestaban el corazón del Padre. Al mismo tiempo, Jesús dijo, "El Padre y yo, somos uno" (Juan 10:30) y "El que me ha visto a mí, ha visto al Padre. ¿Cómo puedes decirme: "Muéstranos al Padre"?... Las palabras que yo les comunico, no las hablo como cosa mía, sino que es el Padre, que está en mí, el que realiza sus obras" (Juan 14:9c, 10c). La siguiente lista muestra algunos de los atributos del corazón de padre del Señor Jesucristo, quien es el modelo a seguir para todos los líderes de Dios:

Compasión: "Jesús recorría todos los pueblos y aldeas enseñando en las sinagogas, anunciando las buenas nuevas del reino, y sanando toda enfermedad y toda dolencia. Al ver a las multitudes, tuvo compasión de ellas, porque estaban agobiadas y desamparadas, como ovejas sin pastor" (Mateo 9:35, 36).

Cuidado: "Cuando los fariseos vieron esto, les preguntaron a sus discípulos: — ¿Por qué come su maestro con recaudadores de impuestos y con pecadores? Al oír esto, Jesús les contestó: —No son los sanos los que necesitan médico sino los enfermos. 13 Pero vayan y aprendan lo que significa: "Lo que pido de ustedes es misericordia y no sacrificios." Porque no he venido a llamar a justos sino a pecadores" (Mateo 9:11-13).

Complacencia: "Cuando Jesús bajó de la ladera de la montaña, lo siguieron grandes multitudes. Un hombre que tenía lepra se le acercó y se arrodilló delante de él. —Señor, si quieres, puedes limpiarme —le dijo. Jesús extendió la mano y tocó al hombre. —Sí quiero —le dijo—. ¡Queda limpio! Y al instante quedó sano de la lepra" (Mateo 8:1-3).

Humildad: "Entonces dijo: —Les aseguro que a menos que ustedes cambien y se vuelvan como niños, no entrarán en el reino de los cielos" (Mateo 18:3). También ver Filipenses 2:5-10.

Afecto: Jesús dijo: "María ha escogido la mejor, y nadie se la quitará" (Lucas 10:38-42; Juan 12: 1-8).

Perdón: Jesús también nos dio una nueva definición de perdón. En la cruz, en Lucas 23:34 dijo: "—Padre —dijo Jesús—, perdónalos, porque no saben lo que hacen. Mientras tanto, echaban suertes para repartirse entre sí la ropa de Jesús." En la historia del hijo pródigo, en Lucas 15:20 dice "corriendo a su encuentro, lo abrazó y lo besó." A una prostituta en pecado le dijo, en Juan 8:11, "Tampoco yo te condeno. Ahora vete, y no vuelvas a pecar."

Quebrantamiento: Jesús sacrificó toda su autoridad celestial al venir a la Tierra, y fue el modelo de quebranto para todos los líderes. En Juan 11: 33-36 dice que "Al ver llorar a María y a los judíos que la habían acompañado, Jesús se turbó y se conmovió profundamente. — ¿Dónde lo han puesto? —preguntó. —Ven a verlo, Señor —le respondieron. Jesús lloró. —¡Miren cuánto lo quería!— dijeron los judíos." Y también al ver la ciudad dijo: "¡Jerusalén, Jerusalén, que matas a los profetas y apedreas a los que se te envían! ¡Cuántas veces quise reunir a tus hijos, como reúne la gallina a sus pollitos debajo de sus alas, pero no quisiste!"

Auto-sacrificio: En Juan 10:15 dijo: "Así como el Padre me conoce a mí y yo lo conozco a él, y doy mi vida por las ovejas."

Servicio: Jesús también mostró que todo servicio es importante y merece dignidad. Como Él dijo en Juan 13:14: "Pues si yo, el Señor y el Maestro, les he lavado los pies, también ustedes deben lavarse los pies los unos a los otros."

Delicadeza paternal

Pablo declara en 1 Tesalonicenses 2:7 ... "Aunque como apóstoles de Cristo hubiéramos podido ser exigentes con ustedes, los tratamos con delicadeza. Como una madre que amamanta y cuida a sus hijos." La palabra "delicado" en su origen griego significa ser gentil, afable, amable y dulce. Los escritores griegos frecuentemente utilizaban esta palabra para referirse a una enfermera con niños llorando o a una madre lactante.

La delicadeza es otra actitud que encontramos en el corazón de un padre. La delicadeza describe el contacto paternal lleno de amor que debe tener un niño durante su desarrollo físico, mental y espiritual. Sin esta actitud, este niño crecerá de manera no balanceada, careciendo amor. La Biblia requiere delicadeza de parte de aquellos que van a estar ministrando en la casa de Dios. Sin delicadeza, un líder fuerte hará daño al pueblo de Dios.

La siguiente lista contiene referencias bíblicas sobre "delicadeza" exhortan a que todo líder permita que Dios desarrolle esta cualidad en su vida:

> 2 Timoteo 2:24 – "Y un siervo del Señor no debe andar peleando; más bien, debe ser amable con todos, capaz de enseñar y no propenso a irritarse."
>
> Tito 3:2 – "a no hablar mal de nadie, sino a buscar la paz y ser respetuosos, demostrando plena humildad en su trato con todo el mundo."
>
> Santiago 3:17 – "En cambio, la sabiduría que desciende del cielo es ante todo pura, y además pacífica, bondadosa, dócil, llena de compasión y de buenos frutos, imparcial y sincera."
>
> 2 Corintios 10:1 – "Por la ternura y la bondad de Cristo, yo, Pablo, apelo a ustedes personalmente; yo mismo que, según dicen, soy tímido cuando me encuentro cara a cara con ustedes pero atrevido cuando estoy lejos."

Gálatas 5:22 – "En cambio, el fruto del Espíritu es amor, alegría, paz, paciencia, amabilidad, bondad, fidelidad,"

Adentro de la casa de Dios, un padre espiritual debe desarrollar y practicar gentileza. Esta característica del corazón le permitirá enseñar temas difíciles y sensibles en la Iglesia sin ofender u dañar permanentemente la espiritualidad del pueblo de Dios. La gentileza causará que las personas escuchen y también respondan a las amonestaciones que este líder haga a la congregación.

Cuidado paternal

En 1 Tesalonicenses 2:7 Pablo declara que "Aunque como apóstoles de Cristo hubiéramos podido ser exigentes con ustedes, los tratamos con delicadeza. Como una madre que amamanta y cuida a sus hijos," En el Nuevo Testamento en el griego original, una niñera alimentaba a los niños hasta el punto de engordarlos, nutriéndolos con buenos alimentos. Esta palabra tiene la connotación de una madre que amamanta a sus hijos antes que sean destetados. Lo anterior describe a la madre que cuidará a sus pequeños de la manera más delicada y correcta.

En el contexto bíblico, en este pasaje el apóstol Pablo habla a una Iglesia que él ha procreado en el Evangelio. En el versículo siguiente, 1 Tesalonicenses 2:8, Pablo describe la manifestación exterior del corazón paternal, en el cual dice que: "así nosotros, por el cariño que les tenemos, nos deleitamos en compartir con ustedes no sólo el evangelio de Dios sino también nuestra vida. ¡Tanto llegamos a quererlos!"

El apóstol Pablo le impartió a los Tesalonicenses, no solo el evangelio, sino también su propia vida y toda su energía. Lo que Pablo le proveyó a estos cristianos puede relacionarse a los sentimientos expresados por una madre que amamanta a sus propios hijos. Esta es la verdadera imagen de un "padre que lacta", en el sentido masculino, así como se relaciona no solo al apóstol Pablo, pero también a cada líder.

En Hechos 13:18 tenemos una consideración de cómo el Señor amamanta a su pueblo Israel en los tiempos del Antiguo Testamento. Este versículo declara, "y soportó su mal proceder en el desierto unos cuarenta años." La traducción de la Septuaginta lo pone de esta manera: "Dios cargó, como un padre que amamanta, al pueblo de Israel." Continuando la misma metáfora, en Deuteronomio 1:31 dice: "También vieron cómo el Señor su Dios los cuidó todo el tiempo que anduvieron por el desierto, igual que un padre cuida de sus hijos; y ahora los trajo hasta este lugar."

La palabra en hebreo que describe la acción de Dios de "cuidar" es de construir, apoyar, fomentar, alimentar, hacer firme y fiel. En Números 11:12 habla de Moisés en el sentido de la palabra, Moisés fue un padre que amamantó a los Israelitas (Isaías 40:11 y 49:23).

A pesar de todo lo que la nación de Israel hizo para ofender a Dios, Él siguió siendo paciente con ellos y los cuidó. El Señor fue un padre que amamantó a su pueblo. Moisés fue un padre que cuidó a Israel. Este atributo de ser como una niñera fue aprendido por Moisés a través de todas las experiencias del pueblo de Israel. Moisés nunca quiso intercambiar a Israel por un mejor pueblo, aunque Dios se lo propuso. Moisés nunca le pidió al Señor que los juzgara fuertemente. El fue un padre que cuidó a su pueblo. Esperemos que cada líder "cuide" a su congregación.

Estimación paternal

Pablo declare que el trató a los Cristianos en Tesalónica como "una niñera que aprecia a sus niños". La traducción Septuaginta utiliza esta palabra para describir a un ave que cuida a su cría extendiendo sus alas sobre ellos cuando están en el nido (Deuteronomio 22:6; Mateo 23:37).

Un padre espiritual en la familia de Dios va a extender sus alas de amor y protección sobre los pequeños y débiles del rebaño, mientras estos estén todavía en el nido, para protegerlos del ataque de los buitres. Esta es otra expresión del trabajo del corazón paterno en el trabajo de liderazgo (1 Tesalonicenses 2:8,11; Filipenses 2:22; 1 Timoteo 3:1; Efesios 5:29). Pensamos en liderazgo como el hecho de manejar adultos con habilidad y también lo relacionamos con el funcionamiento de una nave. Sin embargo, Dios entiende que el liderazgo incluye alimentar, cuidar, ser delicados, servir, enseñar, y amar a los niños espirituales.

La agricultura

Otra ilustración de las palabras delicadeza, cuidar y asistir es el cuidado tierno que se le tiene a una planta al alimentarla y atenderla.

Las plantas pueden sufrir de diferentes enfermedades durante sus vidas. Estas pueden sufrir de enfermedades, insectos, cambios en el clima, o daños por pura negligencia. Algunas plantas son más sensibles que otras. Algunas sufrirán gravemente por la falta de cuidado, mientras otras prosperan en el mismo medioambiente. La realidad es que aun una planta fuerte y arraigada puede ser afectada por el descuido o el cambio ambiental.

La apariencia y el grado de crecimiento de las plantas indican el estado de su salud. En las primeras etapas de enfermedad y padecimiento suelen ser muy sutiles. A menos que el jardinero mantenga una relación cercana con las plantas, no podrá percibir el problema hasta que los síntomas devastadores ocurran. Las etapas de defoliación y extinción no son las etapas apropiadas donde el jardinero debe examinar si las plantas están sanas o no. Desafortunadamente, este tipo de ayuda en tiempos de emergencia es el tipo de ayuda más común en el pueblo de Dios.

Para prevenir que las plantas lleguen a este estado de emergencia, el jardinero debe reconocer las necesidades de las plantas cuando la enfermedad este en las primeras etapas. Al hacer esto, el jardinero salvará a esta planta, y a las que estas a su lado, de la muerte. El agricultor debe utilizar medidas preventivas para asegurar la salud de su viñedo.

Al aplicar el tratamiento equivocado a cualquier enfermedad es un malgasto de su esfuerzo y recursos. De la misma manera, si el remedio es más fuerte de lo que necesita, la planta puede morir. Como un padre perspicaz, el agricultor debe mantenerse alerta para satisfacer las diversas necesidades de sus plantas. Algunas plantas necesitan que las replanten. Sin embargo, para otras replantarlas aseguraría su muerte. En otra circunstancia, algunas necesitan más espacio para que sus raíces crezcan. Puede ser que otras plantas necesiten que recorten sus raíces y las coloquen en macetas más pequeñas. Las necesidades variarán según la necesidad, y una fórmula para aplicar en cada situación no existe.

En otra instancia, algunas plantas pueden parecer hermosas en la superficie, pero debajo están podridas y sus raíces están muertas. Sorprendentemente, echarle demasiada agua puede causar estas consecuencias tan devastadoras. Un agricultor puede maltratar sus plantas exponiéndolas excesivamente a la luz solar. Dependiendo del tipo de planta, cada una necesidad diferente cantidades de agua y de luz solar. Para satisfacer las necesidades de cada planta de acuerdo a su naturaleza y a su nivel de madurez el agricultor debe tener experiencia y sabiduría. Todos estos aspectos que tienen que ver con los elementos naturales en cuanto la agricultura, puede aplicarse al liderazgo del pueblo de Dios. Un líder cristiano con un corazón paternal va a poder discernir y ministrar a los diversos niveles de madures y necesidades del Pueblo de Dios. Esta habilidad es el resultado de un padre que tiene un corazón gentil, que aprecia, que cuida, y que está lleno de amor. En el siguiente cuadro, sobre "agricultura espiritual", se ilustran los paralelos entre la agricultura y el liderazgo espiritual.

Principios de la Agricultura Espiritual

El agricultor sabio y experimentado le dará a sus plantas:

Luz solar
Agua
Cultivo
Podarlas
Ambiente apropiado
Nueva maceta y tierra
Tratamiento para sus enfermedades
Descubrimiento temprano de enfermedades
Espacio para crecer
Principios de agricultura

El líder con corazón paternal le dará al pueblo de Dios:

La luz de la Palabra de Dios
El agua del Espíritu Santo

Entrenamiento para el ministerio
Disciplina paternal
Atmósfera saludable en la Iglesia que refleje la presencia de Dios
Nuevo estilo de vida en Cristo
Ayuda y consejo en momentos difíciles.
Identificar de cualquier problema en sus etapas iniciales
Espacio para crecer y ejercitar sus dones en el ministerio

Aplicación de Agricultura Espiritual

Un agricultor espiritual, que tiene un corazón paternal, perseguirá las siguientes prácticas al cuidar del pueblo de Dios:

Proveer la nutrición espiritual para un crecimiento balanceado en su caminar cristiano.

Tratar de manera tierna al pueblo de Dios.

Discernir las necesidades del pueblo de Dios en la etapa de desarrollo en que se encuentren.

Ser gentil y amoroso hacia el pueblo de Dios.

Atender consistentemente a las necesidades espirituales, emocionales, físicas o mentales del pueblo de Dios.

Disciplina y Amonestación Paterna

En Efesios 6:4 está la descripción de las actitudes de disciplina y amonestación de un padre:

"Y vosotros, padres, no provoquéis a ira a vuestros hijos, sino criadlos en disciplina y amonestación del Señor." (RV1960)

"Y ustedes, los padres, no hagan de sus hijos unos resentidos; edúquenlos, más bien, instrúyanlos y corríjanlos como lo haría el Señor." (BLPH)

En este capítulo, el apóstol Pablo enseña acerca de cómo formar una familia. Él estaba mostrando principios que un padre debe seguir al criar a sus hijos de una manera bíblica y saludable. Las actitudes y principios un padre natural necesita para criar a sus hijos naturales son las mismas que un padre espiritual necesita para criar a sus hijos espirituales. La Casa de Dios necesita de este modelo para poder criar a sus hijos de una manera balanceada. Pablo utiliza dos palabras, *disciplina* y *amonestación*, para ilustrar este balance.

Un estudio etimológico de la palabra "disciplina" en griego saca a relucir un nuevo significado del que encontramos en el idioma actual. En el Nuevo Testamento Griego, la palabra disciplina significaba promover el desarrollo de un niño por medio de la acción de enseñar, apoyar, y fomentar durante el proceso de las diferentes etapas de su crecimiento. Esto tenia implicaciones, como la de educarlo por medio de entrenamiento, disciplina y corrección. Disciplinar era castigar con la intención de moldear el carácter del niño. Este término incluía la idea de entrenar y educar a los niños, cultivar sus mentes y su moralidad por medio de la corrección y reprendiéndolos tanto en palabra como en acción.

Disciplina. La palabra *disciplina* es traducida de diferentes maneras en la versión Reina Valera de 1960, pero las tres maneras más comunes son: instrucción, aprendizaje, y corrección (Hechos 7:22; 1 Timoteo 1:20; 2 Timoteo 2:25; 2 Timoteo 3:16; Hebreos 12:5; Apocalipsis 3:19).

Jesucristo demuestra en su corazón esta actitud de disciplinar en sus enseñanzas. El Señor Jesús fue un hombre de compasión y amor hacia todas las personas a su alrededor. Esto no le impidió hablar la verdad de una manera que podría ser considerada ofensiva por muchas personas. Él ofendió no solo a los líderes religiosos de Israel, revelando su hipocresía, pero también a sus propios discípulos (Mateo 15:12; Marcos 14:27 y Juan 6:60-62). En el Nuevo Testamento, "disciplina" no significa cuidar tiernamente hasta llegar a la madurez, sino que es la firme enseñanza que un niño necesita para madurar en los caminos del Señor.

En Efesios 6:4, Pablo no se enfocó en el amor del padre para sus hijos, aunque esto es parte del versículo. Pablo se enfocaba en la responsabilidad del padre de enseñar a sus hijos. Pablo le estaba entregando un cargo importante a los padres: si desean criar a sus hijos correctamente, deben mantener un balance entre sus intensiones y sus acciones para poder enseñarles de una manera muy firme.

El ministerio de un padre espiritual incluye una enseñanza intensa. Un verdadero padre espiritual debe estar preparado para corregir con firmeza a sus hijos espirituales. El debe moldear el carácter del hijo por medio de una enseñanza que en ciertos momentos sea dura y dolorosa para el hijo pero esto es necesario para su desarrollo. La palabra "disciplina" que Pablo utilizó en Efesios 6:5 no fue la palabra tierna que muchos pueden pensar que fue. En la actualidad, la Iglesia necesita con desesperación padres espirituales que tengan la valentía de disciplinar a la Iglesia. Hasta que esta llegue a la plena madurez por medio de la disciplina, la corrección y la enseñanza.

Amonestación. La traducción de la palabra *amonestación* en Efesios 6:4 significa el llamar la atención de algo por medio de una reprensión, una advertencia y una exhortación leve, así como si viniera de Dios. Literalmente, significa introducir en la mente. La palabra incluye entrenamiento por medio de estimulo verbal, o si es necesario reprensión verbal. La palabra griega de donde se traduce "amonestación" es *noutheto*. La siguiente lista de versículos bíblicos muestra las diferentes maneras en la que el Nuevo Testamento traduce esta palabra:

Hechos 20:31 – "no he dejado de amonestar con lágrimas a cada uno en particular."

Romanos 15:4 – "alentados por las Escrituras, perseveremos en mantener nuestra esperanza."

1 Corintios 4:14 – "sino para amonestarlos, como a hijos míos amados."

Colosenses 3:16 – "instrúyanse y aconséjense unos a otros con toda sabiduría;"

1 Tesalonicenses 5:12 – "sean considerados con los que trabajan arduamente entre ustedes, y los guían y amonestan en el Señor."

Amonestar es una palabra que se refiere a una disciplina fuerte y describe una actitud imprescindible de un padre espiritual. Un padre espiritual debe insertar en la mente del hijo las enseñanzas que este necesite para su desarrollo espiritual lo cual le llevará a tener un futuro saludable. Es necesario que el líder sea constante y mantenga un balance entre exhortar y animar en justicia para alcanzar esta meta.

Todos los padres espirituales deben decidir amonestar en amor al pueblo de Dios. En ciertas circunstancias, los hijos e hijas de Dios necesitan que se les reprenda fuertemente para poder llegar a ser maduros. Hoy en día, muchos maestros prefieren enseñar lo que es agradable, para que las personas sigan viniendo a la Iglesia. Sin embargo, esto no es lo que el pueblo de Dios necesita. Un padre espiritual debe diferenciar las diversas necesidades del pueblo de Dios. Por medio de la exhortación y la enseñanza, el líder debe impartirles lo que necesitan para ser maduros espiritualmente.

El balance entre disciplinar y amar

Cada líder debe encontrar un balance entre las características y actitudes de un padre espiritual, que se han presentado en este capítulo. Tanto la disciplina como la amonestación deben estar en balance con la delicadeza, el cuidado y el aprecio. La disciplina y la amonestación son palabras fuertes que describen el ministerio de un líder que incluye la corrección y rectificación del pueblo de Dios. Es necesario implementarlas, pero por si solas no cumplen su rol. El pueblo de Dios no responderá a un líder que solamente advierte y reprende, el cual ha endurecido su corazón enfocándose en una búsqueda unilateral de disciplina. Los líderes de Dios deben llorar con su pueblo, deben sentir la carga y el peso del corazón del pueblo de Dios, para poder ministrarles efectivamente. Hace falta que la delicadeza, el amor, la misericordia y el afecto trabajen en conjunto con la disciplina.

La vida del apóstol Pablo demuestra todas estas actitudes. Su ministerio, un ministerio lleno de poder, no estuvo compuesto solamente con reprensión, castigo, y disciplina. Él también tenía un corazón lleno de gentileza, amor, misericordia, y compasión.

La siguiente tabla representa el balance entre la disciplina y amor que cada líder tiene que mantener a lo largo de su ministerio. Si desarrolla este balance, ambos lados de la vida de un líder, tendrá como resultado un crecimiento verdadero en la Iglesia.

Amonestación	↔	Delicadeza
Instrucción	↔	Sustento
Corrección	↔	Perdón
Castigo	↔	Paciencia
Autoridad	↔	Amor
Reprensión	↔	Amabilidad
Advertencia	↔	Elogio
Verdad	↔	Misericordia
Juicio	↔	Justicia

El corazón de un padre espiritual usualmente aparece en personas mayores. Tanto la edad como la experiencia son requeridas para desarrollar estas características. Una persona joven puede obtener un corazón de un padre al adquirir actitudes y principios específicos en su vida. En la actualidad, muchos grupos enfatizan la preparación académica y social de un líder. Sin embargo, la Biblia pone más importancia en la calidad de su carácter y de sus acciones. Es posible preparar intelectualmente a una persona para el ministerio, sin instruir su corazón. El secreto para ser exitoso al gobernar un ministerio, es tener un corazón dispuesto. La persona que desea ayudar a que el pueblo de Dios alcance la madurez espiritual buscará la ayuda de Dios al desarrollar actitudes de un padre espiritual dentro de su corazón.

Capítulo 3

EL CORAZÓN DE SIERVO

Jesucristo es nuestro ejemplo a seguir de cómo ser líderes con un corazón de siervo. Jesús dijo: "He venido a servir, no para ser servido", y vivió de esta manera. Él aconsejó a sus apóstoles diciendo: "Aquel quien se llama grande entre ustedes, que se convierta en servidor," cuando estos buscaban recompensas personales, sin tener en cuenta la meta del Reino.

La mayoría de las personas definirían a un líder como una persona que dirige, administra, organiza, toma decisiones, delega responsabilidades, y planifica para el futuro. Esta definición carece de una parte muy esencial del verdadero liderazgo: un líder es quien sirve a los demás. Un líder del pueblo de Dios debe tener las intenciones, actitudes internas y externas de un siervo.

Significados en hebreo: En el hebreo del Antiguo Testamento hay varias palabras que se traducen como siervo. Las palabras son las siguientes, junto con sus características:

Ebed es la primera palabra en hebreo para siervo, y tenía el significado de sirviente o esclavo. Es utilizada en varios pasajes, todas las cuales son aplicables para el liderazgo en el ministerio. El término *ebed* se refiere a una persona que está a la completa disposición de otra persona (Génesis 24:1-67). Un líder que ministra al pueblo de Dios debe estar a la completa disposición del Señor Jesucristo y de aquellos a quienes es llamado a servir.

Una persona que trabaja para un amo es también descrita como *ebed* (Deuteronomio 15:12-18). De la misma manera, un líder debe trabajar para su amo, el Señor Jesucristo. Toda su labor es ofrecida como una ofrenda hacia Dios, y también hacia aquellos a quienes fue llamado a servir. Esta palabra también aplica y define a un esclavo que ha renunciado a sus derechos individuales para servir a su dueño (Deuteronomio 15:12-18). Un líder de la Iglesia debe renunciar a todos sus derechos individuales para servir al Señor Jesús y también a aquellos a quienes ha sido llamado a servir. Un *ebed* es también un esclavo al servicio del rey (1 Reyes 1:9). Un líder cristiano debe ser un esclavo por amor del Señor Jesús, quien es rey sobre todos los reyes de la tierra.

Finalmente esta palabra también aplica a una persona que sirve cuidando el santuario del templo (1 Samuel 3:9). Un líder cristiano debe atender al verdadero templo de Dios y servir a su pueblo, la Iglesia, y este será su verdadera adoración para con Dios. Para profundizar en el estudio de *ebed*, ver Génesis 26:15,24 y 32:45; Números 12:7; Deuteronomio 7:8; Josué 1:1, 2, 13, 15 y 24:29; 1Samuel 3:9, 10 y 29:3; Isaías 20:3 y 49:3; Jeremías 33:22; Joel 2:29; Zacarías 1:6 y 3:8.

Abad es otra palabra hebrea para siervo, y usualmente significa trabajar y servir. Este término contiene una variedad de aplicaciones que ayudan a determinar una definición completa del liderazgo en la Iglesia.

Una persona que labra es un *abad* (Génesis 2:5; 3:23). Un líder del pueblo de Dios debe esforzarse para romper el barbecho de los corazones del pueblo para que estos puedan aceptar la semilla de la Palabra de Dios. Esta palabra también aplica a una persona que arregla o cuida un jardín (Génesis 2:15). Un líder en la Iglesia debe arreglar y cuidar la viña de Dios, que es la Iglesia de Jesucristo.

El nombre de *abad* también aplica a un sacerdote que sirve al pueblo (Números 18:7,23). Un líder cristiano debe rendir su vida en un servicio sacrificial hacia aquellos a quienes Dios le ha llamado a servir. Para profundizar en el estudio del término *abad*, ver Éxodo 23:25; Deuteronomio 4:19,28; Josué 22:5, 27; 1 Samuel 12:14,20; Salmo 22:30 y 72:11; Joel 2:22,23; Jeremías 34:14; Ezequiel 29:20 y 36:9; Malaquías 3:18.

Sakiyr es una tercera palabra en hebreo para siervo, la cual representa a una persona que trabaja por un salario diario o anual. Esta palabra tiene varias aplicaciones útiles para definir las condiciones del liderazgo en la Iglesia. El *sakiyr*, como un sirviente asalariado, no podía comer la Pascua de la familia del patrón (Éxodo 12:3-45). Un líder de la Iglesia debe abandonar la actitud de "profesional asalariado". Para comer el verdadero cordero de Pascua, que es Jesús, el líder debe entrar en una relación de amor que lo lleve a ser un siervo de fe, en vez de que su salario sea su motivación. Este sirviente asalariado no es un esclavo por amor (Levítico 25:39-42). Un líder cristiano debe llegar a un punto en su vida donde renuncie a la religión llena de legalismo, donde el enfoque es proteger sus derechos individuales. Este debe cultivar una relación personal con Dios por medio de la fe en Jesús, donde su ser completo es entregado a cambio de Jesucristo.

Un *sakiyr* no valía la mitad de la cantidad de lo que valía un esclavo por amor (Deuteronomio 15:18). Un líder debe darse cuenta que cuando su ministerio y sus actividades no son motivadas por un amor hacia Dios, estas no valdrán ni la mitad del valor que tendrían si estuvieran motivadas de una relación de amor.

Un *sakiyr* también puede ser un extranjero que es invitado a una casa como un esclavo (Levítico 25:6). Un líder en la Iglesia debe reconocer que él una vez fue un extranjero errante antes que Jesús le comprara con su propia sangre y lo pusiera en la casa de Dios. Para profundizar en el estudio de *sakiyr* ver Éxodo 22:14. 15; Levítico 19:13 y 22:10 y 25:40, 50, 53).

Sharath es la cuarta palabra en hebreo para sirviente, la cual representa una persona que realiza tareas insignificantes y de baja categoría. Sorprendentemente, un sacerdote que ministra o sirve en su oficio sacerdotal es llamado un *sharath* (Éxodo 28:35-43). Un líder en la Iglesia debe realizar tareas y trabajos insignificantes para cumplir su rol como un sacerdote-siervo. Esta palabra también aplica a sacerdotes que continuamente ministran delante el acta del pacto (1 Crónicas 16:37).

Un líder es responsable de recibir las fuerzas para servir al entrar en la presencia de Dios con alabanza y adoración. Josué fue considerado un *sharath* por Moisés (Éxodo 24:13; Números 11:28). Un líder del pueblo de Dios tiene la autoridad mientras permanezca debajo la autoridad de Dios, sirviendo a aquellos sobre él con un corazón de siervo.

Significados en griego: En el Nuevo Testamento la palabra en griego para siervo es *doulos*, la cual nos provee de una buena imagen de lo que significa tener un corazón de siervo. Literalmente, la palabra *doulos* significa esclavitud, pero se aplica comúnmente a un siervo que ha decidido someterse a esclavitud a un amo, por alguna obligación legal. El apóstol Pablo utiliza esta palabra para describirse a sí mismo en varias de sus epístolas:

Romanos 1:1—"Pablo, siervo (*doulos*) de Cristo Jesús,"
Filipenses 1:1—"Pablo y Timoteo, siervos (*doulos*) de Cristo Jesús."
Tito 1:1—"Pablo, siervo (*doulos*) de Dios"

UN ESCLAVO POR AMOR

El Antiguo Testamento provee los antecedentes para este concepto hebreo en Deuteronomio 15:1-23. Después de seis años de servicio, un amo debía liberar a sus esclavos de acuerdo al Pacto Mosaico, y el esclavo tenía dos opciones. El esclavo debía decidir entre aceptar su libertad y deshacerse de las obligaciones legales hacia su amo, o quedarse en la casa de su amo como un esclavo por amor. Al escoger la segunda opción, aumentaba su valor para con su amo en comparación con los esclavos que solo trabajan para pagar una deuda o cualquier otra obligación legal. El sirviente que decidía convertirse en un esclavo por amor le comunicaba a su amo: "Dada la razón de que estoy bien siendo tu esclavo, y porque te amo y a tu casa, te serviré por siempre por el gran amor que tengo hacia ti."

Pablo fue este tipo de siervo para Cristo. Él, así como cualquier otro líder de la Iglesia, fue comprado por medio de la sangre de Jesús. Pablo se dio cuenta de que nunca podría pagar esta deuda por medio de un trabajo que reflejara su mentalidad "asalariada". Él solamente deseaba una relación donde su trabajo y servicio se originaran en una motivación llena de disposición y amor. Los líderes más efectivos del reino de Dios son aquellos que sirven al Señor solo por su deseo de amarle. Aquellos lideres no solo sirven por el dinero, la reputación, la posición, el poder, o por ventajas egoístas que pudiera conseguir. Estos líderes trabajan largas horas llenas de estrés, sacrificio y presión interna y externa. El líder que tenga un corazón de siervo no tiene que demostrar su valía, ya que se siente seguro en su relación personal con Dios y puede servir de manera sincera sin desear fama o algún beneficio personal.

EL CONCEPTO DE SERVICIO EN EL NUEVO TESTAMENTO

Varias palabras en griego del Nuevo Testamento presentan el concepto de servicio. Una palabra comúnmente utilizada para traducir las varias palabras en griego es "diácono". En la actualidad, una gran parte de la Iglesia no entiende el verdadero concepto bíblico sobre el diaconado, o lo que es servir.

Algunas personas piensan equivocadamente que el diaconado está limitado a un pequeño grupo de elegidos dentro de la Iglesia local que suelen recoger la ofrenda o servir la santa cena. Estos creen que es simplemente una mera atribución de un titulo para poder desempeñar funciones religiosas. El verdadero significado del diaconado es más profundo. La Iglesia Primitiva designaba hombres como diáconos solamente después que manifestaban tener una buena reputación, ser lleno del Espíritu Santo, y estar lleno de sabiduría (Hechos 6:3). Antes de reconocerlos como diáconos, ellos tenían que funcionar en los requerimientos del oficio.

Primeramente, ser un siervo. Cualquier líder debe primero ser un diácono, un siervo en el verdadero sentido de la palabra. Solamente por ser siervo se puede practicar liderazgo. El ministerio de Jesús y sus apóstoles estuvo fundado en que sus corazones poseían un enfoque de servicio donde las personas eran lo primordial. Jesús dijo que el vino a servir, no a ser servido (Marcos 10:45; Lucas 22:27). También les advirtió a sus apóstoles ambiciosos que "El más importante entre ustedes será siervo de los demás" (Mateo 23:11). Para cada líder, Jesús debe ser el ejemplo supremo de servidumbre.

En la actualidad, algunos líderes continúan repitiendo las mismas palabras egoístas que algunos de los discípulos de Jesús dijeron en Mateo 20:20-28 cuando arrodillándose le pidieron: "Ordena que en tu reino uno de estos dos… se siente a tu derecha y el otro a tu izquierda." Los discípulos egoístas desean posiciones que les convengan, pero no hay espacio para personas con tal actitud en el liderazgo de la Iglesia.

Los líderes cristianos deben desear servir a los demás, no ser servidos; saber dar, y no solamente tomar. Ellos deben encontrar verdadera felicidad al agradar a Dios y servir a la Iglesia. El poner nuestra felicidad primero sería oponerse al corazón de un siervo. El egoísmo va en contra de la ley del esclavo por amor (Romanos 1:1; Deuteronomio 15:1-23). Esto también va en contra de promover el reino de Dios (Mateo 23:12), el amor (1 Corintios 12:4-6), la vida eterna (Lucas 10:25-27), la sabiduría (Proverbios 22:9), el evangelio (Lucas 9:24-26), y la humanidad (Filipenses 2:3-5; 1 Corintios 10:24,33).

EL DIACONADO

En el Nuevo Testamento, la palabra diácono, siervo, puede ser aplicada de dos maneras. Primeramente, puede ser aplicada por todos los cristianos que han sido llamados a servir a Jesucristo y a su pueblo. De la misma manera, esto puede ser aplicado al nombramiento oficial de algunos representantes, "diáconos", de la Iglesia local, y según lo establecido en ese cargo por el liderazgo local (Hechos 6:1-4). Esteban y Felipe fueron dos diáconos nombrados en la Iglesia Primitiva (Hechos 6:5-8:40). Ambos sostuvieron grandiosos ministerios, los cuales por siempre impactarán nuestras mentes al recordarnos que el oficio de diácono no fue diseñado por Dios para ser un oficio despreciado o débil en la Iglesia del Nuevo Testamento.

Si eres cristiano, ya sea que hayas sido o no nombrado como diácono, tu ministerio se beneficiará de comprender los principios del diaconado. Los requisitos para el diaconado son parte de los requisitos para todos los líderes cristianos. El ministerio del diaconado es el fundamento de todos los ministerios congregacionales.

La Iglesia Primitiva creía que la capacidad de un oficial de servir al pueblo de Dios era muy importante. La Iglesia describe ciertos requisitos para los diáconos y sus esposas (1 Timoteo 3:8-14), y encargan a las personas al oficio (Filipenses 1:1). Pablo exhorta a que los diáconos utilicen su oficio de la manera correcta, y está implícito que su oficio está investido con la autoridad suficiente para crear la posibilidad de un uso inadecuado (1 Timoteo 3:10,13). Pablo amonesta a los diáconos a que vivan a la altura del título, el de un "siervo para el pueblo de Dios".

Tres palabras claves en el Nuevo Testamento en griego desarrollan la idea de ser un ministro para el pueblo de Dios:

La palabra *diakoneo* (1 Timoteo 3:10,13) es un verbo que significa ser un asistente, y la acción de esperar. Es usualmente utilizado en un ámbito domestico.

La palabra *diakonia* es un sustantivo, lo cual se refiere a la ayuda o el servicio que un siervo u oficial presta a los demás.

La palabra *diakonos* (Filipenses 1:1; 1 Timoteo 3:8, 12) significa hacer mandados, para asistir a alguien, o realizar cualquier tarea insignificante.

Estas tres palabras describen todos los elementos primarios del diaconado: el acto de servir, el servicio en sí mismo, y a la persona a quien sirve.

Los escritores del Nuevo Testamento tomaron la palabra diacono del griego y la incluyeron como parte de su vocabulario. Originalmente, la palabra se refiere a servir y limpiar las mesas (como los diáconos lo hicieron en Hechos 6:1-4). Mientras pasaron los años, el significado se amplió para incluir el hecho de proveer o encargarse de las necesidades de los demás. Muchos años después la palabra fue utilizada para referirse al servicio o acción de mostrar amor a una persona de manera personal, así como de un amigo hacia otro. Todos estos significados se aplican a cada cristiano en la casa de Dios. Sin embargo, para los judíos la idea de servicio doméstico era aborrecible, algo solamente para personas de menor grado. Que el Señor nos libre de tales actitudes y que nos dé verdaderos corazones de siervos.

El siguiente material sobre diaconado, de manera general, ayudará al lector a que estudie este tema en gran detalle.

***Diakoneo*:** Los siguientes versículos de la escritura utilizan la palabra *diakoneo* y muestran diferentes ejemplos del "acto de servicio" en la Iglesia Primitiva. Cada uno de estos pasajes bíblicos puede ser aplicado en el principio de los deberes del servicio que son requeridos para cada cristiano que es parte del Cuerpo de Cristo.

Después de ser sanada de su enfermedad, la suegra de Pedro "se levantó y comenzó a servirle" a Jesús y a los apóstoles (Mateo 8:15).

Jesús dijo que en el Día del Juicio, el servir a los necesitados puede ser similar a servir a Cristo. "Ellos también le contestarán: "Señor, ¿cuándo te vimos hambriento o sediento, o como forastero, o necesitado de ropa, o enfermo, o en la cárcel, y no te ayudamos?" Él les responderá: "Les aseguro que todo lo que no hicieron por el más pequeño de mis hermanos, tampoco lo hicieron por mí" (Mateo 25: 44,45). "Por ahora, voy a Jerusalén para llevar ayuda a los hermanos," dijo el apóstol Pablo en Romanos 15:25, ya que él sabía que esto le iba a llevar a la muerte. El apóstol Pedro escribió en 1 Pedro 4:10, 11b que: "Cada uno ponga al servicio de los demás el don que haya recibido, administrando fielmente la gracia de Dios en sus diversas formas... Así Dios será en todo alabado por medio de Jesucristo, a quien sea la gloria y el poder por los siglos de los siglos. Amén." Este último versículo establece claramente que todos los cristianos son llamados y tienen la autoridad de servir o ministrar a los que les rodean.

***Diakonia*:** Las siguientes escrituras utilizan la palabra *diakonia*, y (junto con *diakoneo*) aparece 70 veces en el Nuevo Testamento, mostrándonos el "servicio del ministerio" y el establecimiento del oficio del diácono.

En Hechos 1:24-25 los apóstoles pidieron a Dios "Y oraron así: «Señor, tú que conoces el corazón de todos, muéstranos a cuál de estos dos has elegido para que se haga cargo del servicio apostólico que Judas dejó para irse al lugar que le correspondía."

El apóstol Pablo amonesta a Arquipo, en Colosenses 4:17: "Díganle a Arquipo que se ocupe de la tarea que recibió en el Señor, y que la lleve a cabo." Desde la prisión, Pablo le pide a su discípulo Timoteo que trajeran a Marco en la próxima visita de Timoteo, "Sólo Lucas está conmigo. Recoge a Marcos y tráelo contigo, porque me es de ayuda en mi ministerio" (2 Timoteo 4:11).

En Apocalipsis 2:19 el mensaje a la Iglesia de Tiatira fue, "Conozco tus obras, tu amor y tu fe, tu servicio y tu perseverancia, y sé que tus últimas obras son más abundantes que las primeras."

***Diakonos*:** La palabra *diakonos* aparece 30 veces en el Nuevo Testamento y describe una persona que sirve a los demás. El origen de esta palabra es *diako*, que significa hacer mandados o realizar diligencias. La traducción de esta palabra puede ser ministro, siervo y diácono. Por el uso que se le da a esta palabra, se puede inferir que no solo aquellos que son oficialmente designados como "diáconos" deben servir a los que les rodean, sino que todos los cristianos son llamados a servir. Para profundizar en este tema, la lista donde la palabra *diakonos* aparece está a continuación.

MINISTROS

Mateo 20:26

Marcos 10:43

Romanos 13:4

Romanos 15:8

1 Corintios 3:5

Efesios 3:7

Colosenses 1:25

Tesalonicenses 3:2

2 Corintios 3:6

2 Corintios 6:4

2 Corintios 11:15

2 Corintios 11:23

Gálatas 2:17

Colosenses 1:7

Colosenses 1:23

1 Colosenses 4:7

1 Timoteo 4:6

SIERVOS

Mateo 23:11

Mateo 22:13

Marcos 9:35

Juan 2:5

Juan 2:9

Juan 12:26

Romanos 16:1

DIACONOS

Filipenses 1:1

1 Timoteo 3:8

1 Timoteo 3:12

Diferentes formas de servir. Servicio es utilizado junto con otras palabras para describir un tipo específico de ministerio:

- El "ministerio de la palabra" (2 Timoteo 4:5) nos recuerda que un predicador es quien sirve el pan de vida (Hechos 6:4).
- Vemos un ejemplo del "ministerio de la reconciliación" en 2 Corintios 5:18.

- El esfuerzo que requiere el cumplir todos los requerimientos de la ley tiene el nombre de "el ministerio de la muerte y la condenación", pero la vida en fe es "el ministerio del espíritu y el ministerio de la justicia" (2 Corintios 3:7-9).

- Varios versículos utilizan *diakonos* para mostrar que las personas pueden ser siervos de varias cosas. Es posible, por ejemplo, convertirse en un siervo de Satanás (2 Corintios 11:14-15). Sin embargo, Dios quiere que seamos *sus* siervos (2 Corintios 6:3), de Cristo (1 Timoteo 4:6), y del evangelio (2 Corintios 11:23), o del Nuevo Pacto (2 Corintios 3:6), y de la Iglesia (Colosenses 1:25). Es el deseo de Dios que como siervos cumplamos la tarea que el Espíritu Santo nos invite a realizar, aunque parezca que no tenga importancia.

Ejemplos de siervos

Los líderes pueden convertirse en personas aisladas, separadas de los demás. Estos mismos pueden llegar a pensar que son los únicos que están cumpliendo el servicio del ministerio para Dios, Cristo, el Evangelio, el Nuevo Pacto, y la Iglesia. Afortunadamente, están equivocados, en el Nuevo Testamento existe una gran lista de personas y grupos de personas inspiradoras que fueron llamados para servir a Dios y a la Iglesia de una manera muy particular.

- Timoteo y Erasto (Hechos 19:22; *diakonos*, 1 Timoteo 3:2 y 4:6).

- El servicio de Onesíforo hacia Pablo en Éfeso (2 Timoteo 1:16-18).

- Profetas del Antiguo Testamento en la Iglesia (1 Pedro 1:10-12).

- Pablo ministra las necesidades de los santos en Jerusalén (2 Corintios 8:19; Romanos 15:31).

- Ministerio de los santos en general (Efesios 4:11; Hebreos 6:10).

- La casa de Esteban dedicándose a ellos mismos al servicio de los santos (1 Corintios 16:15).

- Ministerio de ángeles (Hebreos 1:14; Marcos 1:13), Arquipo (Colosenses 4:17), Tíquico (Efesios 6:21; Colosenses 4:7, *diakonos*), Epafras (Colosenses 1:7, *diakonos*).

El Señor Jesucristo nos provee el mejor ejemplo de servidumbre. En el principio de su ministerio en medio de los judíos, El volcó las actitudes negativas hacia la servidumbre al convertirse en un siervo en todos los sentidos. Él sirvió desde su nacimiento hasta su muerte. La Iglesia debe asegurarse de no tropezar con los requerimientos para servir, sino que debe seguir el ejemplo del Maestro, Jesucristo. Exploremos la idea del ejemplo de vida y de aprendizaje de Cristo como siervo en los siguientes versículos:

- Lucas 12:37: "Dichosos los siervos a quienes su señor encuentre pendientes de su llegada. Créanme que se ajustará la ropa, hará que los siervos se sienten a la mesa, y él mismo se pondrá a servirles."

- Lucas 22:27: "Porque, ¿quién es más importante, el que está a la mesa o el que sirve? ¿No lo es el que está sentado a la mesa? Sin embargo, yo estoy entre ustedes como uno que sirve."

- Juan 13: En este capítulo, Jesús lava los pies de los discípulos, tomando el lugar de un esclavo.

- Marcos 10:43: "Pero entre ustedes no debe ser así. Al contrario, el que quiera hacerse grande entre ustedes deberá ser su servidor,"

- Juan 12:24-26: "Ciertamente les aseguro que si el grano de trigo no cae en tierra y muere, se queda solo. Pero si muere, produce mucho fruto. El que se apega a su vida la pierde; en cambio, el que aborrece su vida en este mundo, la conserva para la vida eterna. Quien quiera servirme, debe seguirme; y donde yo esté, allí también estará mi siervo. A quien me sirva, mi Padre lo honrará."

- Filipenses 2:8: "Y al manifestarse como hombre, se humilló a sí mismo y se hizo obediente hasta la muerte, ¡y muerte de cruz!"

Jesús se obligó a sí mismo a ser un siervo de Dios, y aceptó por completo el trabajo y el sufrimiento necesario para cumplir el plan del Padre. En todos estos versículos (con la excepción de Juan 13, donde el ejemplo de Jesús lo dice todo), alguna forma de la palabra *diakonos* es traducida como "siervo". Esperamos que cada líder desarrolle un corazón de siervo, como el que nos mostró Cristo.

Capítulo 4

El corazón de un pastor

Los pastores espirituales deben cumplir el rol de proteger y vigilar al rebaño de Dios. Los líderes deben tener un corazón que pastoree, teniendo en cuenta que su trabajo incluye el guiar, consolar, alimentar y sanar a los creyentes que están bajo su cuidado. El modelo a seguir es el de Jesucristo, quien dijo que: "El Señor es mi Pastor, nada me faltará."

Mientras aprendemos acerca del corazón de un pastor, podremos ver a Jehová y el Señor Jesucristo bajo una nueva luz. Esto será porque el corazón de un pastor es el corazón del Señor por su Iglesia. El corazón de un pastor es una actitud imprescindible para el liderazgo en el ministerio. ¿Qué mejor manera de ser un cristiano, "uno como Cristo", que amar a la Iglesia así como Cristo la ama? Si tu deseo es comprender como tener un liderazgo saludable en la Iglesia, si quieres conocer a Cristo, vas a querer aprender lo que la Biblia dice acerca del corazón de un pastor de ovejas.

El título de "Pastor" en el liderazgo

Se les ponen muchos títulos a los líderes cristianos, tanto en el Antiguo como en el Nuevo Testamento. Algunos de estos títulos son sacerdote, obispo, presbítero, sacerdote, predicador, ministro y pastor. Cada una de estas palabras conlleva una historia y significado específico, aunque el término pastor tiene una importancia particular para Dios.

Vale la pena recalcar que de todos los títulos anteriores utilizada en la historia de la Iglesia, pastor ha sido la palabra menos utilizada. El hecho de que no sea tan común puede mostrar la realidad de que los líderes no han experimentado completamente o practicado el verdadero pastorado. En las siguientes líneas vamos a inspeccionar cada uno de los títulos anteriores y veremos cómo no alcanzan a representar el concepto de Dios al hablar de un pastor-siervo.

Obispo. La palabra obispo se introdujo en la Iglesia desde el mundo gentil. La misma se utilizaba para nombrar a un líder que supervisa al rebaño de Dios. En la era Apostólica, todas las Iglesias tenían obispos. Sin embargo, ya que el mundo pide imágenes de autoridad y administración, muchos de estos líderes abusaron de su título y lo utilizaron de manera dictatorial. Aun en el contexto original, la palabra obispo no describe por completo el significado que Dios invirtió en la palabra pastor.

Presbítero. La palabra presbítero se introdujo a la Iglesia por el judaísmo. Al mirar atrás hacia la época de Moisés, los judíos tenían este tipo de líder. El Nuevo Testamento utiliza la palabra obispo y presbítero de manera intercambiable, ya que aun en la Iglesia Primitiva se combinaba conceptos del mundo judío y del gentil. En la Iglesia Primitiva, los presbíteros, los ancianos de la Iglesia, eran mayormente hombres de cierta edad. La palabra presbítero implica que existe cierta edad y experiencia, lo cual no toma en cuenta el alcance del significado de pastor.

Sacerdote. La palabra sacerdote tiene una larga historia que mezcla el judaísmo con el paganismo. En el judaísmo, el sacerdote representaba el pueblo delante de su Dios, y a Dios delante de su pueblo. Jesús y sus discípulos casi no utilizaron esta palabra en el Nuevo Testamento. Pedro fue el ejemplo de cómo el significado de obispo se utiliza en el Nuevo Testamento. Pedro llama a la Iglesia en 1 Pedro 2:5,9 un "sacerdocio santo". Ya que el oficio del sacerdocio involucra el trabajo de representar y ser intermediario, pierde el elemento importante de guiar, el cual el término *pastor* contiene. El concepto de sacerdote ha sido uno de los títulos más abusados cuando se aplican al liderazgo cristiano, produciendo ataduras espirituales para muchas personas, y alejándose mucho de lo que debería ser la motivación de un pastor.

Predicador. La palabra predicador posee una gran tradición dentro de la Iglesia, ya que enfoca el aspecto de oratoria de un líder. Se coloca mucho énfasis y valor a este título, y desafortunadamente conlleva una creencia errada de que el éxito como orador equivale al éxito en pastorear un rebaño. La realidad es que predicar se basa en una relación entre el púlpito y las sillas, mientras el proceso de pastorear implica una relación más profunda, entre personas.

Ministro. La palabra ministro ha sido aplicada a los líderes en la Iglesia (particularmente a los pastores), ya sea que los lideres sean ordenados por otros hombres o ordenados espiritualmente por Dios. La aplicación de la palabra que conocemos no diferencia entre un verdadero siervo de Dios y un hombre que falsamente posee el mismo título. Aunque un hombre no haya sido llamado divinamente, aun si no muestra disposición ni puede servir al Pueblo de Dios, este puede ser ordenado y llamado ministro por el gobierno del Estado.

Lo que ha producido este mal uso del término ministro en la Iglesia es que se considera que solo el hombre que es un ministro puede servir a Dios. En cambio, Dios llama a cada cristiano a un trabajo ministerial que solo este puede cumplir. Esta confusión en cuanto a la definición de ministerio ha resultado en la idea de que solo un ministro ordenado es competente para hacer el trabajo espiritual dentro de la Iglesia. En consecuencia, la palabra ministro ha dado una idea de profesionalismo la cual choca con el verdadero significado de ser un pastor.

Pastor. Finalmente, llegamos al título de pastor, que es una imagen preciosa del liderazgo. A través de la historia, la Iglesia ha utilizado menos este título para el liderazgo, tal vez porque representa la función ministerial que mas ha faltado: el cuidado tierno, sincero, intimo, amoroso, y espiritual de un pastor para su rebaño.

Afortunadamente, Dios ha puesto mucho énfasis en el título más significativo de su ministerio. Toda persona que quiera cumplir su responsabilidad en el Reino de Dios debe tener las cualidades que se representan por el corazón de un líder; necesita el corazón de padre para cuidar al pueblo de Dios y llevarlo a la madurez; necesita el corazón de siervo sacrifica su tiempo y su vida para ministrar a cada necesidad del pueblo de Dios. Cada persona que está involucrada en el trabajo del Señor debe tener un corazón de pastor, y no solamente un ministro a tiempo completo.

La Iglesia pasa a través de períodos de gran necesidad de verdaderos pastores. Cuando el liderazgo de la Iglesia es inmaduro o defectuoso, las ovejas estarán heridas, dispersas y enfermas así como los hijos de Dios en diferentes tiempos en la historia de Israel.

- Números 27:15-17: Cuando el liderazgo de Moisés sobre Israel terminó, le preguntó al Señor que "Vi a todo Israel esparcido por las colinas, como ovejas sin pastor..."

- Ezequiel 34:4-6: Cuando el profeta Miqueas profetizó una derrota militar en manos de Siria: "No fortalecen a la oveja débil, no cuidan de la enferma, ni curan a la herida; no van por la descarriada ni buscan a la perdida. Al contrario, tratan al rebaño con crueldad y violencia. Por eso las ovejas se han dispersado: ¡por falta de pastor! Por eso están a la merced de las fieras salvajes. Mis ovejas andan descarriadas por montes y colinas, dispersas por toda la tierra, sin que nadie se preocupe por buscarlas."

- Zacarías 10:2: "Los ídolos hablan con engaño, los adivinos tienen sueños falsos; hablan de visiones engañosas y consuelan con fantasías. ¡Y el pueblo vaga como rebaño agobiado porque carece de pastor!".

- Zacarías 13:7: "¡Despierta, espada, contra mi pastor, contra el hombre en quien confío! —afirma el Señor Todopoderoso—. Hiere al pastor para que se dispersen las ovejas y vuelva yo mi mano contra los corderitos."

JEHOVÁ COMO EL GRAN PASTOR

Un pastor es "una persona que cuida de las ovejas, que atiende y protege al rebaño; un guía espiritual, un amigo y compañero." Esto describe el trabajo de un pastor de proteger, guiar, y alimentar al rebaño. Un pastor espiritual realiza el mismo trabajo de proteger, guiar y alimentar al pueblo de Dios.

Varias veces en las escrituras, el pueblo de Dios llama a Dios su pastor. Él es nuestro modelo a seguir, la fuente para una verdadera definición de lo que Él quiere que seamos y actuemos como pastores de ovejas. Él es el Gran Pastor de nuestras almas:

- Salmo 23: "El Señor es mi pastor, nada me falta;".

- Salmo 80:1: "Pastor de Israel, tú que guías a José como a un rebaño, tú que reinas entre los querubines, ¡escúchanos! ¡Resplandece…!".

- Ezequiel 34:12: "Como un pastor que cuida de sus ovejas cuando están dispersas, así me ocuparé de mis ovejas y las rescataré de todos los lugares donde, en un día oscuro y de nubarrones, se hayan dispersado."

- Isaías 40:11: "Como un pastor que cuida su rebaño, recoge los corderos en sus brazos; los lleva junto a su pecho, y guía con cuidado a las recién paridas."

- Salmo 77:20: "Por medio de Moisés y de Aarón guiaste como un rebaño a tu pueblo.".

Las acciones del Gran Pastor

El Señor del Antiguo Testamento es mucho más que un Gran Pastor para su rebaño, Israel. Él es también un ejemplo para todos los pastores a través de los tiempos de cómo deben ser las actitudes y las acciones de un pastor del pueblo de Dios. La siguiente lista nombra algunas de las acciones que surgieron del corazón de pastor que Dios mostró en el Antiguo Testamento.

Ezequiel 34:11-16
Buscó y encontró las ovejas que estaban perdidas.

Ezequiel 34:12.
Liberó a las ovejas cautivas.

Ezequiel 34:13.
Reunió las ovejas dispersas.

Isaías 40:11, Ezequiel 34:13.
Alimentó a las ovejas hambrientas.

Salmo 23:1-3, Ezequiel 34:15.
Puso a las ovejas cansadas a descansar.

Ezequiel 34:16.
Vendó las heridas de las ovejas enfermas.

Ezequiel 34:16.
Fortaleció a las ovejas débiles.

Salmo 23:3
Dirigió a las ovejas sin rumbo.

Isaías 40:11
Sostuvo a las ovejas heridas.

Salmo 23:3
Restauró el alma de las ovejas cansadas.

Salmo 23:4
Consoló a las ovejas con problemas.

Salmo 23:5
Preparó una mesa para las ovejas asustadas.

Salmo 23:5
Ungió a las ovejas necesitadas.

Jesús, el Buen Pastor

En el Nuevo Testamento encontramos la revelación de Dios en la carne, el Señor Jesucristo, como el Buen Pastor de las ovejas. Jesús muestra por medio de sus acciones todos los atributos que tiene un pastor conforme al corazón de Dios. Podemos ver como el corazón de Padre es manifiesto en Jesús, mientras vemos como su vida es descrita en los Evangelios del Nuevo Testamento. Jesucristo fue el Buen Pastor de sus ovejas en los Evangelios de la misma forma que Jehová fue el Gran Pastor de Israel en el Antiguo Testamento. Los siguientes pasajes del Nuevo Testamento muestran a Jesús como el Buen Pastor:

- Juan 10:11,14 "Yo soy el buen pastor. El buen pastor da su vida por las ovejas... Yo soy el buen pastor; conozco a mis ovejas, y ellas me conocen a mí,"
- Hebreos 13:20 "El Dios que da la paz levantó de entre los muertos al gran Pastor de las ovejas, a nuestro Señor Jesús, por la sangre del pacto eterno."
- 1 Pedro 2:25 "Antes eran ustedes como ovejas descarriadas, pero ahora han vuelto al Pastor que cuida de sus vidas."

- 1 Pedro 5:4 "Así, cuando aparezca el Pastor supremo, ustedes recibirán la inmarcesible corona de gloria."

Así como mostramos las actitudes del corazón de Dios en el Antiguo Testamento, vamos a enlistar las actitudes del corazón y las acciones que Jesús mostró en el Nuevo Testamento, las cuales muestran sus habilidades de pastorear. La mayoría de estas ideas son tomadas del libro de Juan, capítulo 10.

Jesús:

Mateo 9:35,36; Juan 10:15b	Cuida de las ovejas.
Juan 10:3	Establece una conexión con las ovejas.
Juan 10:1	Condena a todos aquellos que no entran por la puerta del redil de las ovejas y se meten por otro lado, como ladrones y bandidos.
Juan 10:8	Condena a todos aquellos que vienen como si fueran ladrones y bandidos.
Juan 10:1	Provee un redil para las ovejas.
Juan 10:3-4	Guía a las ovejas.
Juan 10:2	Entra por la puerta.
Juan 10:3a	El portero le abre la puerta.
Juan 10:6	Provee revelaciones espirituales para que las ovejas maduren.

Juan 10:3b, 27a	Las ovejas reconocen su voz, cuando Él las llama.
Juan 10:3c	Llama a cada oveja por su nombre.
Juan 10:3d	Saca las ovejas del redil hacia el pasto.
Juan 10:4a, b	Va delante de sus ovejas hacia las guía hacia afuera.
Juan 10:5c, 27c	Las ovejas le siguen.
Juan 10:4d	Las ovejas reconocen su voz.
Juan 10:7,9a	El es la puerta de las ovejas.
Juan 10:9	Alimenta a las ovejas.
Juan 10:10b	Protege a las ovejas y les da vida.
Juan 10:10b, 11b, 15c, 17	Da su vida por las ovejas.
Juan 10:11a, 14a	Es el Buen Pastor.
Juan 10:12a, 13a	Es el verdadero pastor de las ovejas y es lo opuesto al asalariado.
Juan 10:12c	Es el dueño de las ovejas y no un asalariado.
Juan 10:12d	Está pendiente y se da cuenta cuando el lobo viene para herir al rebaño.
Juan 10:12e, f	Se mantiene cuidando las ovejas cuando el lobo se acerca, en vez de huir como el asalariado.

Juan 10:14b, 27b	Conoce a sus ovejas.
Juan 10:14c	Sus ovejas le conocen.
Juan 10:15a	El Padre le conoce.
Juan 10:15b	Conoce al Padre.
Juan 10:16a	Tiene otras ovejas en otros rediles.
Juan 10:16c	También trae a estas ovejas.
Juan 10:16d	Las otras ovejas también escuchan su voz.
Juan 10:17c	Entrega su vida para volver a recibirla.
Juan 10:18abc	Voluntariamente y por iniciativa propia entrega su vida.
Juan 10:18d	Tiene la autoridad de entregar su vida ya que ese es el mandamiento que recibió de su Padre.

El Señor Jesucristo nos mostró que las actitudes y las acciones de un verdadero pastor a través de todo su ministerio. Su ejemplo es una motivación para todos los que decidan convertirse en pastores del rebaño de Dios. Jesús fue un hombre de amor y compasión. El éxito de su ministerio no se basaba, ni se basa, en la cantidad de personas que le siguen. Por el contrario, Jesús buscó las ovejas que estaban heridas y las sanó de acuerdo a las necesidades que tenían. Sin embargo, no solo se quedó allí sino que no estuvo satisfecho hasta satisfacer las necesidades individuales de cada una de sus ovejas.

En la actualidad, ¿cómo miran los pastores de la Iglesia al pueblo de Dios? ¿Ven al pueblo de Dios como una multitud de ovejas, hambrientas por alimentos ricos y entretenimiento? ¿O lo ven como un pueblo herido con una profunda necesidad de amor y compasión? Desafortunadamente, la mayoría de los líderes de la Iglesia no están realizando la labor de pastorado. La Iglesia necesita desesperadamente pastores que entreguen su vida por sus ovejas, como Jesús se entregó. La Iglesia necesita pastores espirituales que sanen a los quebrantados de corazón y venden sus heridas. La Iglesia contemporánea ya tiene suficientes teólogos que escriban o comuniquen su conocimiento de Dios. Lo que la Iglesia necesita es pastores que lleven a cabo ministerios espirituales que genuinamente restauren el pueblo de Dios.

Ilustraciones de las relaciones de un líder con su rebaño

La Iglesia necesita líderes que tengan una íntima y genuina relación con Dios, y que puedan invitar a otros a tener este tipo de comunión con Dios. La Biblia utiliza muchas ilustraciones para demostrar esta necesidad de relaciones, ilustraciones que guiaran a los pastores espirituales para construir una conexión con sus ovejas.

Relación entre padre e hijo. Esta es una ilustración de una relación afectuosa y amorosa entre un padre con sus hijos. En este tipo de relación, los hijos aman y respetan a su padre, y responden cuando son corregidos por él. Esto nos muestra que el pastor busca, igual que un padre, que sus hijos le amen con sinceridad y que no le tengan miedo. Los padres también desean que sus hijos muestren madurez en todas las relaciones que tengan, con su madre, con sus hermanos y hermanas, y con personas que no pertenecen a la familia.

Relación entre esposo y esposa. Esto es una imagen de la relación de amor entre Jesucristo y su Iglesia, el vínculo del matrimonio tiene un significado sagrado. El esposo provee para su hogar y apoya a su esposa en amor. La esposa recibe y responde a su amor. Esto nos muestra como el pastor debe ser el que abra el camino al dar amor a sus ovejas, y como debe proporcionarles un hogar espiritual saludable.

Relación entre el cuerpo y la mente. Esta es una ilustración de la relación entre las funciones de gobernar y proteger. Así como Cristo gobierna y protege a su Iglesia, la cual es su cuerpo, de la misma manera los pastores deben tomar su vara y su cayado para gobernar y proteger a la Iglesia local. En esta ilustración la cabeza está encima del cuerpo, mientras que el cuerpo tiene muchos miembros, la cabeza es solamente una. Como un cuerpo tiene una sola cabeza, el pastor debe recordar que Jesucristo es la única Cabeza del cuerpo. El pastor tiene responsabilidades en el liderazgo que sirven para servir y respaldar a la Cabeza que es Jesucristo.

Relación entre la vid y las ramas. En el libro de Juan capitulo 15, Jesucristo presenta esta ilustración de la relación entre Él y la Iglesia, Jesús es la vid y sus seguidores son las ramas. La vid es el origen de toda la vida, la energía y el origen de las ramas. Existe una relación íntima entre la vid y las ramas de tal manera que no se puede distinguir donde comienza la vid y donde terminan las ramas. Jesucristo dijo que las ramas deben producir fruto o serán cortadas por el agricultor. Si es necesario, el agricultor tomará su hacha y cortará las partes innecesarias. Esto se aplica al pastor, quien debe establecer una relación de intimidad con sus ovejas para que estas le permitan depurar las partes no rentables en sus vidas.

Relación entre un agricultor y su viña. Esta es una ilustración de una viña que es atendida minuciosamente por un agricultor. Puede suceder que cuando la viña esté descuidada, el agricultor se encargue de limpiar todos los escombros. Puede suceder que él utilice sus habilidades y herramientas para recolectar la fruta del viñero. De una manera similar, los pastores espirituales deben tener una sensibilidad que les permita percibir en qué temporada y épocas se encuentran sus ovejas en su caminar espiritual.

Relación entre el barro y el alfarero. Esta es una ilustración de cómo la mano de Dios se encarga de moldear su vasija, la cual es la Iglesia. Las manos del alfarero tienen completo control sobre el barro. El barro no puede ordenarle al alfarero qué y cómo moldearle. Así Dios obra con su pueblo, y de igual manera el pastor espiritual debe tener la habilidad de relacionarse con sus ovejas de tal manera que él pueda ayudarles a moldearse de acuerdo al carácter de Jesucristo.

Relación entre el capitán y el ejército. Esta es una ilustración directa de disciplina y autoridad. El ejército de Dios es un lugar de entrenamiento y orden. El ejército debe superar varios obstáculos para poder ser útil para su capitán en la guerra. Durante tiempos de guerra, la Iglesia está bajo el mando del Capitán de su salvación, Jesús. Similarmente, el pastor espiritual debe entrenar y disciplinar a sus ovejas para que estén preparados para su misión.

Relación entre el Creador y la creación. Dios es el Creador todopoderoso cuyas palabras trajeron a existencia los mundos. Por medio de su palabra, todo lo que está en el cielo y en la tierra fue creado. Esto es una ilustración del Dios poderoso reproduciendo su propia imagen y semejanza en su creación. La relación demostrada aquí no es una muy personal, ya que la humanidad se alejó de Dios por medio de la desobediencia. Sin embargo, a través de la obediencia, el hombre puede volver a tener una relación con su creador. De igual manera, el pastor debe ser el instrumento por el cual Dios pueda crear en su pueblo una nueva vida.

Relación entre un pastor y su oveja. Esta última ilustración del pastor y la oveja es una imagen de cariño y belleza. Existe un intercambio de amor, compasión y ternura, como cuando el pastor recoge a la oveja herida y la carga sobre sus hombros hacia un lugar seguro. Esta ilustración es una muestra de uno de los títulos de Dios, el Gran Pastor, y presenta una imagen tierna de un verdadero ministerio.

EL PASTOR QUE VIGILA

Los requisitos para un pastor de ovejas se aplican directamente a los que necesita un pastor espiritual en la Iglesia. Un pastor de ovejas, como un vigilante, construye torres de vigilancia para poder explorar el campo y advertir a su rebaño de los peligros que puedan acercarse. Hay varios peligros alrededor del rebaño: las inundaciones pueden destruir todo en su camino, los predadores pueden atacar al rebaño y hasta al mismo pastor, los buitres o águilas que puedan bajar para herir al joven rebaño, y matarlos. El pastor debe ser un vigilante que constantemente se mantenga alerta ante el peligro en su alrededor y alrededor de su rebaño. Este no se puede dar el lujo de ser un vigilante perezoso o ciego.

En su carta de despedida, Pablo exhortó a los ancianos en Éfeso a proteger el rebaño (Hechos 20:28-31). Otros ejemplos del llamado de una vigilancia pastoral son los siguientes:

- 1 Corintios 16:13 "Manténganse alerta; permanezcan firmes en la fe; sean valientes y fuertes."
- Colosenses 4:2 "Dedíquense a la oración: perseveren en ella con agradecimiento"
- 1Tesalonicenses 5:6 "No debemos, pues, dormirnos como los demás, sino mantenernos alerta y en nuestro sano juicio."
- 2 Timoteo 4:5" Tú, por el contrario, sé prudente en todas las circunstancias, soporta los sufrimientos, dedícate a la evangelización; cumple con los deberes de tu ministerio."
- Hebreos 13:17 "Obedezcan a sus dirigentes y sométanse a ellos, pues cuidan de ustedes como quienes tienen que rendir cuentas. Obedézcanlos a fin de que ellos cumplan su tarea con alegría y sin quejarse, pues el quejarse no les trae ningún provecho."

Un líder que cuida sobre su rebaño debe ser un vigilante diligente. La Iglesia tiene muchos enemigos que pueden atacar la casa de Dios en estos últimos días. Los pastores perezosos ponen a la Iglesia en un lugar vulnerable hacia los ataques, y los falsos pastores pueden ser los responsables de las heridas más profundas. Estos no solamente le roban al pueblo de Dios, sino que también utilizan su liderazgo para controlar y manipular, en vez de transformar. Los pastores que vigilan y verdaderamente cumplen su rol son la única esperanza en contra de la destrucción espiritual del pueblo de Dios en estos tiempos tan peligrosos.

EL PASTOR QUE PROTEGE

Existe una estrecha relación entre el papel de vigilante y en el papel del pastor como guardia, protector, defensor del rebaño. Las ovejas están entre los animales más indefensos del reino animal, sin una arma con que atacar. Su disposición dócil les impide morder, patear o rayar a algún predador. La oveja es el único animal que depende completamente de un protector humano. El pastor es el guardia y protector principal, sino el único, que protege al rebaño de peligros y de enemigos. Existen momentos que los pastores ponen en riesgo su propia vida para proteger la vida de las ovejas.

Las ovejas no tienen la habilidad de sobrevivir en el desierto. El pastor de ovejas debe vigilar constantemente a las ovejas en el desierto, donde pueden vagar y encontrar problemas. En el desierto, el pastor construía un corral con paredes que podría repeler a los depredadores más fuertes. Para proveer seguridad completa para el rebaño, el pastor dormía al lado de la puerta. Si un enemigo venía, primero debería pasar por el pastor para poder llegar hasta las ovejas.

El Señor, el Gran Pastor de ovejas, nos deja su ejemplo de cómo defender al rebaño. En Salmo 121:3, encontramos la garantía de que "jamás duerme el que te cuida". Otros versículos que nos dan el modelo a seguir para ser verdaderos pastores de ovejas y defender al rebaño, son los siguientes:

Salmo 7:10	"Mi escudo está en Dios, que salva a los de corazón recto."
Salmo 59:16	"Pero yo le cantaré a tu poder, y por la mañana alabaré tu amor; porque tú eres mi protector, mi refugio en momentos de angustia."
Salmo 62:6	"Sólo él es mi roca y mi salvación; él es mi protector y no habré de caer."
Zacarías 9:15a	"El Señor Todopoderoso los protegerá, y ellos destruirán por completo los proyectiles de la honda."
Salmo 121:3	"No permitirá que tu pie resbale; jamás duerme el que te cuida."
Salmo 12:7	"Tú, Señor, nos protegerás; tú siempre nos defenderás de esta gente,"
Salmo 31:20	"Al amparo de tu presencia los proteges de las intrigas *humanas; en tu morada los resguardas de las lenguas contenciosas."

Salmo 127:1	"Si el Señor no edifica la casa, en vano se esfuerzan los albañiles. Si el Señor no cuida la ciudad, en vano hacen guardia los vigilantes."
Juan 17:11	"Ya no voy a estar por más tiempo en el mundo, pero ellos están todavía en el mundo, y yo vuelvo a ti. »Padre santo, protégelos con el poder de tu nombre, el nombre que me diste, para que sean uno, lo mismo que nosotros."

El Señor Jesucristo es el Gran Pastor que guardará a su pueblo de toda dificultad. De la misma manera, cada uno de sus líderes que sea un verdadero pastor debe hacer todo en sus manos para proteger a las ovejas del enemigo.

El pastor que guía

Otro rol importante que un pastor debe cumplir es guiar a las ovejas, ya que éstas no andan independientemente y no tienen ningún sentido de dirección. Alejadas del rebaño, las ovejas vagan en círculos hasta quedar abiertos a ser atacadas por animales predadores. Cuando las ovejas pastan, mientras tengan pastos para comer, mantienen sus narices hacia el suelo, y nunca levantan sus cabezas para ver adonde el pastor las lleva.

En zonas áridas, las condiciones no son muy favorables para las ovejas. Dificilmente pueden encontrar buen pasto, y cuando hay una pequeña parcela no es suficiente. Las corrientes de agua pueden ser pocas y suelen estar escondidas en algunas áreas, haciendo que la tierra sea reseca e inflexible. Sin un pastor, las ovejas vagan sin rumbo, hasta que mueran de sed o hambre. El pastor debe escoger sabiamente el rango de pastoreo de las ovejas, con su conocimiento personal y de primera mano. La vida de las ovejas depende de la orientación que les dé el pastor.

Por otra parte, las ovejas son animales sensibles y no soportan que se las dirijan duramente. Ellas deben ser guiadas gentilmente, y el pastor sabiamente hace eso. Si el pastor decide dirigirlas muy rápido o llevarlas muy lejos, algunas ovejas débiles, enfermas o heridas podrían morir. La sabiduría del pastor puede salvar la vida de las ovejas. Jacob es una imagen de esta verdad, y en Génesis 33:9-15 tenemos una descripción de cómo Jacob guía a su rebaño mientras retornaba a su país de origen. Jacob demostró tener varias actitudes como pastor sobre sus ovejas:

- **Ternura**: Génesis 33:13 "Los niños son todavía muy débiles."
- **Sensibilidad**: Génesis 33:13 " y que las ovejas y las vacas acaban de tener cría"
- **Vigilancia**: Génesis 33:14 "Si les exijo demasiado, en un solo día se me puede morir todo el rebaño"
- **Paciencia**: Génesis 33:14 "que yo seguiré al paso de la manada y de los niños,"

Estos versículos muestran el corazón de un verdadero pastor. Jacob estuvo dispuesto a ir más despacio para poder salvar a los niños y a los débiles del rebaño. En vez de decidir empujar al rebaño, ya que él tenía el poder y podría tener sus beneficios. De la misma manera, la Iglesia tiene muchas ovejas débiles y muy jóvenes las cuales no pueden ser dirigidas duramente por hombres violentos. Estas deben ser guiadas tiernamente por pastores con un llamado verdadero.

Dios ha prometido ayudar a sus pastores a que guíen al rebaño de manera efectiva. Dios será su Gran Pastor, aquel cuyo ejemplo y guía los otros pastores puedan seguir.

Promesas para los pastores:

- Salmo 23:2 — "en verdes pastos me hace descansar. Junto a tranquilas aguas me conduce;"
- Salmo 77:20 — "Por medio de Moisés y de Aarón guiaste como un rebaño a tu pueblo."

- Salmo 78:52,54 "A su pueblo lo guió como a un rebaño; los llevó por el desierto, como a ovejas,"

El pastor médico

Los pastores también deben ser médicos para sus ovejas. En el hebreo, el concepto de médico es el de una persona que arregla por medio de curas, causando integridad, sanidad, y reparaciones. En el griego, el concepto significa restaurar la integridad y liberar por medio de curar. Todas estas definiciones ilustran el ministerio del pastoral. El pastor espiritual sana a los quebrantados y repara a los estropeados. Este es el verdadero trabajo de quienes tienen un corazón de pastor.

Como las personas, las ovejas pueden sufrir de varias enfermedades y males. Consecuentemente, estos necesitan pastores que tengan competencias de médicos. El pastor espiritual debe tener un discernimiento espiritual en cuanto a los problemas que puedan sorprender al rebaño. Este debe diagnosticar y tratar correctamente las enfermedades, o pueden ser fatales para las ovejas. Jesús mostró preocupación por las ovejas de Israel que estaban heridas cuando visitó a los pecadores. A los fariseos que objetaron a esto, Él respondió: "No son los sanos los que necesitan médico, sino los enfermos."

Muchas personas enfermas en la Iglesia de hoy necesitan un pastor que también sea un médico. Las ovejas sufren de varias maneras, emocionalmente, espiritualmente, mentalmente y físicamente. Es el trabajo de un médico espiritual sanar al rebaño de Dios, no el ser un académico intelectual. La habilidad de cooperar con el Espíritu Santo para sanar a las almas requiere experiencia en la escuela del Espíritu Santo, y un conocimiento de cómo aplicar la Palabra de Dios en la vida.

Job rechazó supuestos médicos que intentaron satisfacer sus necesidades por medio del conocimiento y el entendimiento inadecuado de la existencia humana. Job dijo: "¡como médicos no valen nada!" (13:4) Nuestra pregunta debe ser: "¿Cuántos pastores caen esta categoría?" Desafortunadamente, muchos ministros tienen poco valor para el rebaño de Dios, ya que no pueden discernir las necesidades espirituales del rebaño.

¿Qué valor práctico tiene un pastor sin la habilidad de satisfacer las necesidades de las ovejas heridas? Predicar bien no es lo único; el rebaño necesita pastores médicos. El aprender de los mejores profesores teológicos y el conocer varios idiomas no tiene ningún valor sin un entendimiento del propósito principal de la obra de un pastor. El rebaño necesita pastores que puedan remendar a los heridos y vendar a los quebrantados de corazón. Lo que se necesita hoy son pastores ungidos por Dios con habilidades de médicos espirituales y habilidades de diagnosticar y sanar al rebaño de Dios.

Como otras criaturas, las ovejas tienen accidentes y desgracias imprevistas. Ellas pueden quebrar sus piernas, herirse, caer en pozos, o tener moretones. En diferentes temporadas, están propensas a diferentes condiciones atmosféricas y enfermedades. Diferentes ambientes y tipos de comidas afectan a las ovejas de maneras diferentes. Las enfermedades pueden matar a una oveja aún si esta no ha hecho nada malo. El pastor no debe culpar a las ovejas por su sufrimiento; él debe cuidar su actitud hacia las ovejas y no debe endurecerse a sus llamados de ayuda.

Parte del trabajo de un pastor es mostrar sensibilidad hacia las ovejas. Un pastor no debe pegarle a una oveja por caer en un pozo o castigar a las ovejas por golpearse en un matorral. Nuestro pastor principal, el Señor Jesucristo, nunca se precipitó a condenar a las ovejas. Un verdadero pastor siente el dolor de la herida de las ovejas y sufre los golpes de las ovejas como si fueran suyas. Un pastor acepta los problemas de las ovejas, y es inevitable que estas caerán en pozos y hoyos. Estas se enferman de gripe y necesitan atención especial. La responsabilidad y la vida de un pastor es satisfacer las necesidades de su rebaño. Si todas las ovejas estuvieran bien y sanas, no habría la misma necesidad para el ministerio pastoral. La oveja que está enferma necesita un médico, no las que están sanas.

Algunos pastores quieren un rebaño que esté saludable y sin necesidades, pero eso es imposible. El verdadero pastor siempre está buscando ovejas con necesidades. El pastor busca la perniquebrada, un talón herido, una patita lastimada, un hábito alimenticio malo. El verdadero pastor encuentra satisfacción al atender las necesidades de sus ovejas. El pastor espiritual siempre debe recordar que una oveja que cojea, con una patita herida, que no se alimenta adecuadamente, debido a una enfermedad debe recibir el cuidado y la atención necesaria. La Iglesia de Dios no es un negocio con una cuota de ventas espirituales para cada empleado. El cuerpo de Cristo es el rebaño del Gran Pastor. El pastor es llamado por Dios para sanar al quebrantado de corazón, no para condenar a aquellos que necesitan su ayuda.

Enfermedades de las Ovejas

El pastor debe cuidar a su rebaño, alertarlas por señales de enfermedades y males comunes en las ovejas. La siguiente lista de enfermedades en las ovejas puede servir como una lista de advertencia para los pastores espirituales del rebaño de Dios. Esta lista explora como cada una de esas enfermedades es semejante a un problema o enfermedad espiritual que puede ocurrir en la Iglesia.

Enfermedades naturales: Las enfermedades de comer en exceso puede venir de:

- Un cambio repentino de alimento
- Exceso de alimento de mucha energía
- Horario de alimentación irregular
- Aumentar rápidamente la cantidad de comida
- Alimentar ovejas de varios tamaños juntos

Aplicación espiritual

- Un cambio súbito en la enseñanza o en el alimento espiritual de cualquier tipo puede ser fatal para muchos; el cambio debe venir suave y progresivamente.

- El proveer continuamente a las personas una dieta de enseñanza potente y rica es sobrealimentarlos. Una variedad al enseñar y predicar es necesario.
- El alterar los horarios de alimentación regulares hace daño a las personas; estas necesitan un horario de alimentación regular y consistente para que estén satisfechos.
- Para incrementar la ministración, el enseñar o predicar un mensaje muy adelantado al nivel de crecimiento podría dañar a las personas. El pastor espiritual debe discernir el nivel de crecimiento de las personas y ministrarles al nivel en que se encuentren.
- No todas las personas tienen el mismo nivel de necesidades espirituales. El rebaño tiene diferentes niveles de crecimiento y madurez. El nivel de cada persona necesita una ministración especializada.

Enfermedades naturales: La enfermedad del músculo blanco puede venir de:

- Deficiencias de vitaminas
- Dieta no-balanceada
- Muerte de las crías (como resultado)

Aplicación espiritual

- El pueblo debe mantenerse en una dieta nutritiva, que incluya la Palabra de Dios.
- El pueblo debe tener una dieta balanceada de alimento práctico, devocional, espiritual y edificante para un crecimiento saludable.
- La reproducción espiritual del pueblo va a estar sofocada si la dieta no es equilibrada.

Enfermedad natural: Enfermedad de oveja gemela puede venir de:

- Presión baja por el estrés.
- Las ovejas con una tendencia hacia esta enfermedad pueden ser descubiertas cuando el pastor dirige gentilmente al rebaño, y ellas no son energéticas al ser dirigidas.

Aplicación espiritual

- Poner presión excesiva puede causar nacimientos espirituales débiles o enfermos.
- Sin embargo, hay que tomar en cuenta que el miembro más productivo del rebaño necesita mucha atención, incluyendo una doble porción de alimentos y energía.

Enfermedad natural: La hipomagnesemia o enfermedad tetania de los pastos puede venir de:

- Bajo nivel de magnesio en la sangre, por la grama jugosa
- No hay suficiente variedad en la alimentación

Aplicación espiritual

- Una mezcla de alimento jugoso y alimento seco es necesaria cuando las ovejas son alimentadas con la Biblia.
- Si se les alimenta a la oveja con el mismo tipo de enseñanza o predicaciones, va a causar enfermedades en las personas.

Enfermedad natural: Neumonía, puede venir de:

- Estrés excesivo

Aplicación espiritual

- Un pastor no debe señorear sobre el rebaño. El pastor no debe dominar a los que están bajo su autoridad.

Enfermedad Natural: Enfermedades donde se le pudren los pies (puede producirse por)

- Largos intervalos de tiempo en pasto mojado
- Amenaza la habilidad que las ovejas puedan caminar

Aplicación Espiritual

- Los periodos de sequía espiritual son necesarios, así como los periodos de lluvia, donde el pueblo se sumerge en las aguas de la Palabra de Dios y siguen al Espíritu Santo cada día.
- Cuando el pueblo se sumerge excesivamente en la Palabra de Dios, sin tener en cuenta el balance, paraliza el crecimiento y el avance del pueblo.

Enfermedad natural: Hinchazón, las causas son:

- Alimentarse de legumbres y pastos jugosos, lo cual perturba la digestión de las ovejas.

Aplicación espiritual

- Problemas en la vida del pueblo que pueden resultar en una inmediata muerte espiritual, pueden ser causados por demasiada enseñanza "jugosa" que no puede ser aplicada en sus vidas cotidianas.

Enfermedad natural: Parásitos pueden venir de:

- Los parásitos pueden adherirse interna o externamente, en las partes del cuerpo de las ovejas.
- Un andar no saludable cuando las ovejas caminan.

Aplicación espiritual

- El pastor debe inspeccionar a su pueblo para encontrar asuntos escondidos que puedan causar muerte espiritual. También debe estar consciente de las implicaciones externas que puedan agotar todas las fuerzas entre la relación de Dios con el pueblo. Si este problema no es detectado, debilitará las vidas del pueblo y afectará su dedicación y motivación hacia Dios y su plan.

Enfermedad natural: Enfermedades por ingesta de plantas venenosas pueden venir de

- Las plantas venenosas suelen estar escondidas entre las plantas nutricionales.
- Las ovejas no conocen la diferencia entre las plantas nutricionales y las venenosas.

Aplicación espiritual

- El pastor debe examinar minuciosamente todas las fuentes que pueden ser el origen donde el pueblo capta sus enseñanzas y prédicas.
- El pueblo debe aprender a reconocer la diferencia entre la buena y la mala enseñanza por medio del entrenamiento que su pastor le provea.

Tipos de ovejas

El pastor-médico debe reconocer los diferentes tipos de ovejas en su rebaño. Cada tipo tiene problemas a los que es más propensa. Podemos indicar tres tipos de "personalidades" en las ovejas, las cuales contienen verdades espirituales que son aplicables para el pastor.

La oveja solitaria. Esta oveja constantemente se aleja del rebaño y no se alimenta junto con las demás ovejas. Es posible que el pastor no se de cuenta de que esta oveja se aleja, a menos que preste mucha atención. Al conectarlo a la vida espiritual, esta oveja tiene problemas internos. Esta oveja puede haber sufrido profundas heridas espirituales, las que causaron una falta de confianza en las otras ovejas, o en el pastor. La oveja solitaria puede pensar que las otras ovejas son muy maduras o muy inmaduras, lo que impide el compañerismo y el crecimiento. Las actitudes antes mencionadas son poco saludables y necesitan que el pastor intervenga con ayuda y corrección.

Estas ovejas suelen tener miedo de ser expuestas, y de mostrarse vulnerables. Los pecados del pasado, hábitos, o heridas de las ovejas solitarias les impiden tener un compañerismo saludable. Por otra parte, algunas ovejas solitarias actúan de esta manera en búsqueda de atención. Estas harán lo que sea para diferenciarse de las demás, hacerse notar y ser atendidas por el pastor y las otras ovejas. Estas ovejas buscan atención y necesitan ayuda inmediata, porque el evitar el compañerismo causará problemas serios.

La oveja ermitaña. Aunque esta oveja es similar a la oveja solitaria, la oveja ermitaña evita al rebaño por razones totalmente diferentes. La oveja ermitaña se aleja del rebaño para poder evitar ser esquilada o cortada por el pastor. Esta tiene una manera extraña de saber cuando el tiempo de esquila se está acercando. Esta oveja hará lo imposible para evitar el proceso de esquilar. El pastor debe vigilar continuamente a la oveja ermitaña para que esta no se esconda. La lana sin cortar de la oveja ermitaña, eventualmente cubrirá sus ojos y le impedirá ver lo que está delante de ella. En esta condición, la oveja tropezará con problemas en el día a día. Los predadores, los matorrales, y pozos son solamente algunos de los peligros que esta oveja no podrá evitar. Su lana sin cortar se vuelve tan pesada que le detendrá, causando que se quede detrás cuando el rebaño avance y se convierta en un blanco fácil para los predadores. Cuando el rebaño avanza hacia mejores pastos, la oveja ermitaña se quedará atrás e influenciará a las demás ovejas del rebaño.

La intención de Dios es que todo su pueblo pueda llevar fruto. En la imagen de la oveja ermitaña, podemos ver a un cristiano que mantiene todas las bendiciones y el fruto en su vida para sí mismo. El dinero es solo un aspecto. La oveja ermitaña necesita entender que a Dios le debemos entregar todo nuestro ser, tiempo, talentos, relaciones y servicio. La economía de Dios no es igual que la economía del mundo, donde la escasez toma control y almacenar los recursos es una respuesta natural. En la economía de Dios, Su pueblo debe tener un corazón generoso, entendiendo que Dios continuará siendo el proveedor de todas nuestras necesidades. Aunque el corazón generoso tiene la intención de bendecir a los demás y a Dios, también es cierto que recibimos mucho más de lo que damos.

La oveja descarriada. Esta oveja es una de las más peligrosas. Para las ovejas descarriadas, el pasto es siempre más verde en otro lugar, por lo que siempre está buscando por una manera de escaparse del corral o del pasto. Invierte todo su tiempo buscando una vía de escape, y usualmente encuentra una apertura en la cerca, un agujero en el suelo, o una puerta que se quedó abierta.

La oveja descarriada nunca se tranquiliza para disfrutar el pasto actual, y así genera descontento entre las otras ovejas. Debido a que su influencia es mala y afecta especialmente a los jóvenes del rebaño, es quitado del rebaño. En la Iglesia, ese espíritu nómade debe ser roto y transformado en algo provechoso y saludable. El pastor debe cumplir esto antes de que la oveja descarriada se destruya a sí misma y a otros.

Estos tres tipos de ovejas son ejemplos de los varios tipos de personalidades problemáticas que el pastor espiritual debe conocer. Este debe discernir las necesidades y los problemas que tengan sus ovejas, y aprender a cómo atenderlas efectivamente.

El asalariado Versus el Pastor

Lo opuesto a un verdadero pastor es un asalariado. Ser asalariado conlleva el significado de ser una persona que es contratada por un salario diario o anual. En la realidad actual, la mayoría de nosotros caeríamos dentro de esta descripción. La diferencia entre un asalariado y un pastor es la diferencia entre alguien que solo tiene un trabajo (no importa cual sea su posición) y alguien que tiene una carrera saludable.

La persona que tiene un trabajo le da un valor monetario mientras trabaja allí. Esta persona puede estafar de diferentes maneras a su patrón para encontrar maneras de cómo incrementar sus ganancias. La persona con una carrera saludable valora todas sus relaciones de trabajo e intenta aumentar su productividad para poder construir un mejor futuro.

Sin embargo, aun esta comparación no capta el gran contraste que existe en el Antiguo Testamento entre los conceptos de asalariado y el pastor. El concepto de asalariado es aplicado en el Antiguo Testamento en las siguientes áreas:

- Trabajadores ordinarios (1 Samuel 2:5; 2 Crónicas 24:12)
- Soldados mercenarios (2 Samuel 10:6; 2 Reyes 7:6; 1 Cr. 19:6)
- Joyeros (Isaías 46:6)
- Maleantes sin escrúpulos (Jueces 9:4)
- Sacerdotes falsos (Jueces 18:4)
- Balaam (Deuteronomio 23:4; Nehemías 13:2)
- Consejeros hostiles (Esdras 4:5)
- Falsos profetas (Nehemías 6:12)

A fines de contrastar el concepto general de un asalariado con el de un pastor, podemos decir que un asalariado, como un líder, recibe el pago por su trabajo, pero no invierte su corazón en su trabajo. Un asalariado es ambicioso y busca tener posición, poder y apoyo financiero, pero no muestra un amor real por el pueblo de Dios. Un asalariado no tiene el llamado de Dios o un corazón para el pastorado, y la existencia de este tipo de actitudes en su vida es una prueba de que no tiene esas cualidades.

La siguiente lista son algunos contrastes obvios en la Biblia entre un asalariado y un pastor.

EL ASALARIADO VERSUS PASTOR

Asalariado:

- Solamente trabaja por dinero (Mateo 20:7)
- No tiene un corazón para el pueblo

- Se aleja cuando vienen los problemas (Jeremías 46:21)
- No es fiel a su amo

Pastor:

- Trabaja por amor
- Tiene un corazón para el pueblo
- Da su vida por las ovejas (Juan 10:11)
- Sirve a su amo de manera fiel

Asalariado:

- Se alimenta a sí mismo, pero no a las ovejas (Ezequiel 34:3)
- Descuida a las ovejas
- Le hace falta misericordia (Ezequiel 34:4)
- Es duro, cruel y fuerte

Pastor:

- Alimenta a las ovejas
- Protege cuidadosamente a las ovejas
- Está lleno de misericordia
- Es tierno, amable y amoroso

Asalariado:

- Trata duramente a las personas
- Dispersa las ovejas
- No está dispuesto a hacer sacrificios personales (Ezequiel 34:2)

- Es ambicioso y busca posición, pero evita responsabilidades extras

Pastor:

- Guía al pueblo sabiamente
- Une a las ovejas
- Siempre está dispuesto a sacrificarse por las ovejas.
- No le importan las posiciones, pero tiene un corazón de siervo.

Asalariado:

- No toma el tiempo para cuidar y sanar las heridas de las ovejas.
- Domina las ovejas.
- No se encarga de las necesidades de las ovejas
- Produce esterilidad en las ovejas del Pastor
- Arregla a los quebrantados del corazón y sana a los heridos

Pastor:

- Guía a las ovejas amorosamente
- Discierne las necesidades de las ovejas
- Hace que la oveja sea fructífera.

Asalariado:

- Se muestra ansioso al final del día
- No forma parte de la herencia del amo
- No invierte su persona en las ovejas
- No tiene un balance al disciplinar: o es muy duro o muy flojo

Pastor:

- Es pacífico y vigila, especialmente en las noches
- Entiende que el rebaño de Dios es su herencia
- Invierte su vida en las ovejas; paga el mayor precio por estas
- Disciplina en amor con la vara y el cayado de Dios

Asalariado:

- Limita su trabajo a un horario (Isaías 16:14; 21:16)
- Olvida a las ovejas que se han perdido o se han alejado
- Son un producto de manos humanas (ver Salmo 135:15-18; 115:4-8)
- Tiene una boca que no habla

Pastor:

- Se da completamente a su trabajo, porque este es su llamado y su estilo de vida
- Busca a las ovejas perdidas y a aquellas que se han alejado
- Es una obra de las manos de Dios
- Su boca habla asuntos espirituales

Asalariado:

- Tiene ojos que no ven
- Tiene oídos pero no oyen
- Tiene una nariz que no huele
- Tiene manos que no tocan ni sienten

- Contagia a los demás con su naturaleza carnal, sin sentimientos y sin discernimiento

Pastor:

- Tiene ojos para discernir asuntos espirituales
- Tiene oídos para escuchar asuntos espirituales
- Tiene una nariz que huele cosas espirituales
- Tiene manos que tocan cosas espirituales
- Contagia a los demás con una naturaleza espiritual, sentimiento y discernimiento

Espero que cada pastor espiritual abandone los caminos del asalariado y pastoree verdaderamente al rebaño de Dios.

Cuida tu corazón

El corazón del pastor es lo más cercano al corazón de Dios para con su Iglesia. No es suficiente estudiar y tener conocimiento del corazón de Dios. El líder cristiano debe mostrarlo en su vida y en su ministerio.

Es una gran pérdida que el liderazgo de la Iglesia tiende a seguir las tendencias del liderazgo en la sociedad. Durante una tiempo de expansión económica, los pastores del rebaño de Dios pueden fallar en fortalecer a sus congregaciones espiritualmente, decidiéndose por una muestra de crecimiento en infraestructura, números de membresía, y otras manifestaciones externas de bendición.

Desafortunadamente, la condición del corazón de estos líderes puede corroerse en gran manera. Durante los años prósperos, la motivación para construir y expandir los reinos personales dentro de la Iglesia sigue con fuerza. En el medio de este proceso, algunos de los líderes más exitosos se convierten en los más carnales. Estos fallan en cuidar su corazón. Los pecados carnales pueden aumentar y ser más escandalosos que cualquier pecado cometido por otro líder en la sociedad. Los líderes de la Iglesia deben cuidar su corazón. Los líderes cristianos se deben posicionar en el frente de la batalla contra Satanás. Estos nunca deben olvidar que pueden pasar del estatus de vencedores al estatus de vencidos en cuestión de segundos. Cuando esto sucede, muchos en las congregaciones desaparecen de la escena junto con ellos.

Aun como un ministro congregacional, puedes ejercer una gran influencia para el bien en los líderes de la Iglesia. Tus oraciones son la defensa cotidiana que salva a los líderes cristianos. Es muy probable que la falta de oración haya sido un factor importante en la disolución de los ministerios más exitosos.

Alguna vez has visto la caída de un líder cristiano, y te has dicho: "Debí haberlo visto. Hubieron señales de enfermedad espiritual en su vida." No pongas a tus líderes en un pedestal para luego dejarlos morir solos. Tu rol es de amarlos, orar por ellos y corrígelos en privado, antes que mayores problemas se desarrollen; esta es una manera de mostrar cuanto apoyas su ministerio.

Oremos para que nuestros corazones sean guardados, y pidámosle a Dios que desarrolle en nosotros Su corazón, un corazón de pastor.

Busquemos las cualidades del corazón

Si deseas conocer sinceramente tu llamado espiritual, busca tener en tu vida las cualidades para poder recibir la dirección de Dios. Debes desarrollar el corazón generoso de un padre, el corazón humilde de un siervo, y el corazón de un pastor de ovejas que cuida a su rebaño. Mientras sirves en la Iglesia con una actitud enfocada en amar y en dar, podrás descubrir el llamado de Dios para tu vida.

Si has recibido tu llamado, continúa cultivando estas cualidades en tu corazón. La condición espiritual de tu corazón influenciará directamente tu habilidad de crecer en tu llamado, tu capacidad para comprender y servir al pueblo de Cristo. Si quieres ver que tu ministerio esté arraigado en la gloria de Dios y en la edificación de la Iglesia, tu servicio depende de cómo apliques estas cualidades del corazón con misericordia.

Si eres un líder que tiene un ministerio establecido, aférrate con tenacidad a las pasiones y valores del corazón de un padre, de un siervo y de un pastor de ovejas. Al servir como protector de tu congregación y guía del rebaño de Dios, debes mantener una estrecha vigilancia hacia tu propio corazón y mostrar constantemente la compasión, la pureza y la gracia del corazón de Jesús.

Segunda Parte

El Carácter que Todo Líder Debe Desarrollar

Capítulo 5

DESARROLLANDO O DESECHANDO TU LLAMADO

Horace Mann dijo: "El carácter es lo que Dios y los ángeles conocen de nosotros; la reputación es lo que los hombres y mujeres piensan de nosotros." ¿Alguna vez has pensado en lo que Dios ve cuando mira adentro de tu ser? ¿Qué tipo de persona encuentra en ti? ¿Puedes decir que eres amoroso, generoso, y trabajador; o estás lleno de amargura, ira y auto-gratificación? Quién eres determina como responderás hacia cualquier situación, ya sea buena o mala, positiva o negativa.

El propósito de Dios, o su resolución, sobre tu destino, es un resultado de su omnisciencia. Aunque su plan y voluntad para tu vida es condicional, este se basa en tu cooperación. A cada persona se le presentan opciones, y mientras va tomando decisiones, Dios responde de acuerdo a las mismas. La libertad de desarrollar en tu vida el diseño de Dios está determinado por tu habilidad de tomar decisiones basadas en tu carácter.

El propósito de la humanidad recae en el balance entre la soberanía de Dios y la responsabilidad humana. Dios está en control de todas las circunstancias que puedan suceder en la vida de una persona, pero al final, cada uno es responsable de responder de una manera correcta, piadosa y bíblica. Como respondas en diferentes situaciones determinará, de manera inevitable, el tipo de carácter que vas a poseer. Ya sea que actúes en amor, perdón, amargura, frialdad, alegría, gozo, tristeza, o ira, un principio fundamental en el Reino de Dios es que tus acciones afectarán dramáticamente las vidas de todos bajo tu liderazgo. Para poder entender mejor este concepto, observemos el ejemplo de la vida de Rubén.

Rubén fue un líder quien desechó el llamado de Dios tomando decisiones que negaron el plan de Dios para su vida. Él rechazó corregir, en sí mismo, una falla evidente de su carácter que fue transmitida a sus sucesores, y que tuvo como resultado un desperdicio trágico de un grandioso potencial de liderazgo. Esto fue capturado en Génesis 49:3-4, cuando Jacob, el patriarca de las doce tribus de Israel, llamó a sus hijos y profetizó sobre ellos. Empezó con Rubén: "Tú, Rubén, eres mi primogénito, primer fruto de mi fuerza y virilidad, primero en honor y en poder. Impetuoso como un torrente, ya no serás el primero: te acostaste en mi cama; profanaste la cama de tu propio padre."

Se puede ver en estos versículos que existían muchas expectativas hacia Rubén, pero él rehusó responder al llamado. Rubén tenía como herencia una doble porción de los derechos de primogenitura. Estaba en posición para recibir los privilegios y derechos que venían con el título. Pero el poder que tenía la sensualidad sobre Rubén lo llevó a la caída. Él tuvo una pasión que no pudo controlar con su propia fuerza de voluntad (Génesis 35:22).

Las acciones pecaminosas pueden ser una razón por la cual una persona se retire de una posición de liderazgo. Rubén perdió su derecho a la primogenitura al demostrar su carácter desequilibrado. Jacob describió este defecto como "aguas turbulentas". Este término describe lo desenfrenada e indulgente que fue la actitud de Rubén en cuanto a sus pasiones y el efecto que tuvo. Es como la fuerza de una enorme corriente de agua que se vuelve irresistible al derribarse las barreras que la contienen. Tal es la fuerza que destituya los principios bíblicos en los seres humanos. En contraste, nada es más débil que el agua en pequeñas cantidades. No tiene coherencia ni estabilidad. Fue esta misma inestabilidad característica del agua que destruyó la habilidad de Rubén de disfrutar de su pre-eminencia. En su debilidad, él caminó según su propia lujuria.

A través de la vida de Rubén podemos ver que, aunque una persona puede "nacer" para un lugar de grandeza, no existen garantías de que llegue a "convertirse" en una persona grandiosa. Todo se basa en el contenido de su carácter. De una manera interesante, la palabra hebrea para describir la disposición negativa de Rubén es *pahal,* que significa inestable, pasando por alto el orden divino y actuando con orgullo o presuntuosidad. El carácter de Rubén demostró exactamente esto. Él fue descuidado y lascivo, con cierto elemento de desenfreno, un grado de ebullición que permeaba cada pensamiento y motivación. Esto contribuyó a la destrucción de su potencial.

Consecuentemente, la débil brújula moral de Rubén, y no sólo su pecado, influyo en la pérdida del liderazgo que le pertenecía. El pecado que lo convirtió en infame creció en su carácter, confirmándolo y estableciéndolo en la maldad cada vez más. Por cierto, todos los pensamientos, las emociones y acciones de un hombre, en lo que consiste su carácter en el presente, están determinados por su pasado. Pecar no es algo que se hace y se deja detrás. Las heridas hechas en el alma permanecen, y sus efectos también. Aunque Rubén fue la joya más preciosa del cofre de Jacob, él lo descalificó para la posición de mayor altura.

Para entender la magnitud de la degradación eventual de Rubén, seguido podrá ver una lista las consecuencias que recaen dentro de una línea familiar por generaciones cuando las debilidades carnales quedan invictas:

Ser propenso a la deslealtad, llevando a una división y rebelión. (*Números 16)*

Ser propenso a la debilidad espiritual y genética en el liderazgo.

Ser propenso a tomar decisiones imprudentes, causando resultados innecesarios en los demás. (*Números 32; Josué 22:10-20)*

Ser propenso a la auto-satisfacción, lo que divide el corazón. (Josué *5:15-16*)

Ser propenso a ser egoísta e inconstante de manera innata. (Josué 5:15-16)

Ser fácilmente cautivado por las trampas del enemigo, desviándose del cumplimiento de la visión divina.

Para combatir estas fallas en el carácter, es importante estar comprometido a superar las tendencias en áreas de tu vida que no reflejan las cualidades de un líder. En los siguientes capítulos veremos en más detalle como desarrollar tu carácter, examinando las cualidades que según las Escrituras deben ser evidentes en la vida de un hombre o mujer de buen carácter.

Dado el predominio de la inmoralidad en nuestra cultura, también nos enfocaremos en lo que realmente significa vivir una vida de pureza delante del Señor. ¿Cuáles son las causas fundamentales de la impureza en nuestra vida? ¿Qué dice la Biblia acerca de los pecados sexuales? Y, ¿cómo puede un líder protegerse de caer en estos pecados?

El desarrollo de nuestro carácter solo se puede lograr con el tiempo, e implica mucho esfuerzo de nuestra parte. Espero que Dios te anime mientras persigues vivir según un carácter piadoso.

Capítulo 6

COMPROMÉTETE AL DESARROLLO DE TU CARÁCTER

A Dios le importa el estilo de vida de un líder tanto como su carácter interior, no solamente sus dones y su unción. Mientras los dones del Espíritu son dados gratuitamente, el desarrollo de tu carácter toma tiempo y cuesta mucho. Por esto es que Dios invierte mucho tiempo en sus líderes, expandiendo Su conocimiento y desarrollando en ellos el carácter que necesitan para ser vasijas de honor para Su uso. Dios entiende que para ser efectivos y tener un ministerio duradero, debemos construir tal ministerio sobre nuestro carácter.

A Dios no le importa cuánto tiempo nos tome desarrollar nuestro carácter, o que tan incómodos el proceso nos haga sentir, mientras crezcamos. Dios está comprometido a ayudarte a desarrollar el carácter que necesitas para ser una herramienta útil en Sus manos. Cada cristiano es responsable por unir esfuerzos con Dios en este proceso que durará toda la vida.

> *"SI CUIDO DE MI CARÁCTER, MI REPUTACIÓN SE CUIDARÁ SOLA."*
>
> **D. L. MOODY**

Lo que comienza en el corazón debe cultivarse con prueba de fruto. Debemos buscar diligentemente las cualidades del corazón, para que estas pavimenten el camino hacia el desarrollo de un carácter positivo. Dios trabaja junto a sus líderes para desarrollar Su carácter y para que estos se conviertan en vasijas de honor, siendo efectivos en Su ministerio y dejándose utilizar por Dios.

LA DEFINICIÓN DEL CARÁCTER

Si es cierto que debe existir un balance entre los dones y el carácter, entonces, ¿qué es el carácter? En las próximas páginas veremos los diferentes aspectos de la definición de la palabra "carácter":

El carácter es el asiento donde recae nuestro ser moral.

El carácter es la vida interna de un ser humano. Este reflejará sus rasgos, ya sean los de su naturaleza pecadora (influenciados por el mundo) o los rasgos de su naturaleza divina (influenciados por la Palabra de Dios)

El carácter es expuesto en las acciones de un individuo cuando este está bajo estrés.

Finalmente, el carácter es la suma total de todas las características positivas y negativas de la vida de una persona, estas son demostradas en sus pensamientos, valores, motivaciones, actitudes, sentimientos y acciones.

DEFINICIÓN EN GRIEGO

La palabra en griego para carácter ofrece mucha revelación en cuanto a su significado. En la versión Reina Valera, esta palabra *charakter* se traduce "imagina". *Charakter,* un sustantivo, proviene de la palabra *charasso,* que significa un corte, una abolladura, una agudización, un rayón, o una escritura hecha en piedra. Esto evolucionó hasta ser el término para indicar el sello estampado en una moneda tanto como para identificar los símbolos (caracteres) empleados en escritura.

Esta palabra griega aparece solamente en el Nuevo Testamento, en Hebreos 1:3. En este pasaje, el escritor declara que Cristo es el mismo carácter de Dios, el mismo sello de la naturaleza divina, y el único en quién Dios ha grabado su ser. Como consecuencia, hemos derivado el significado de la palabra "carácter" como una señal distintiva impresa, o grabada de alguna manera, por una fuerza externa (o interna) sobre un individuo.

> *"El talento se nutre en la soledad; el carácter se forma en las oleadas tormentosas de mundo."*
>
> **Johann Von Goethe**

Más acerca Del Carácter

Veremos en más detalle las características del carácter:

1. El carácter es lo que una persona es hoy. El carácter no es lo que una persona será en un futuro ideal. Sin embargo, es cuando el estrés viene a la vida de una persona que su carácter real se revela. Una persona puede actuar y pensar de una manera cuando se encuentra debajo de la bendición de Dios, pero de otra manera cuando las adversidades de la vida tocan a su puerta.

2. El carácter incluye todos los pensamientos, motivaciones, actitudes de un individuo; no solamente sus acciones. Nuestros pensamientos, aún los que no expresamos, indican nuestro verdadero carácter. Así mismo, nuestra motivación es una expresión de nuestro ser interno. Para cambiar nuestro carácter, debemos ver más allá de nuestras acciones.

3. El carácter se muestra cuando estamos bajo presión y estrés. Las presiones y el estrés cotidiano prueban lo que el Señor ha logrado hacer en el carácter de una persona. Cuando el fuego quema el carácter de una persona, su verdadero carácter es visible. ¿Cómo respondes a las decepciones de la vida? Las irritaciones comunes del día a día exponen nuestras debilidades. El carácter se forja bajo estas presiones y circunstancias. Las características del verdadero carácter de una persona son consistentes, ya sea que las llamas estén sobre su vida o no.

4. El carácter no se muestra solo en lo externo, sino en lo que los demás no pueden ver. Podemos proyectar un lado de lo que somos, lo que queremos que los demás vean, pero Dios ve la realidad. Un individuo no puede esconder sus debilidades delante del Señor. El ser humano puede mirar a lo externo, pero Dios mira el corazón. El Señor nos manda a realizar buenas acciones, pero estas deben proceder del interior de un carácter divino. Una persona puede realizar muchas acciones religiosas, pero aun así ser impío en su interior.

5. El carácter no es solamente tener sabiduría para opinar sobre el comportamiento de los demás. Conocer intelectualmente como actuar, pensar, y sentir de acuerdo con la Palabra de Dios no es lo mismo que vivir en armonía con los principios bíblicos en ella. Una persona con un verdadero carácter piadoso no se limita a decirle a los demás que hacer, sino que vive una vida ejemplar, digno de seguir.

6. El carácter muestra principios bíblicos en cada situación y hacia cualquier persona de una manera consistente. El carácter no está limitado a las relaciones entre cristianos. Creer que no importa como un cristiano actúa hacia personas no cristianas es un engaño. Por ejemplo, un cristiano que trabaja debe respetar de la misma manera a su superior, ya sea este cristiano o no.

7. El carácter de una persona puede discernirse por la manera en la que respeta a su madre y a su padre. El carácter no se limita a las relaciones entre una persona y su familia espiritual. Este se muestra en cómo la persona trate a su familia natural y qué tipo de relación tengan. Un cristiano demuestra su fe y amor en la manera en que trata a su familia inmediata. Un cristiano, con una familia que no es creyente, puede utilizar su carácter amoroso y maduro hacia ellos y ganarlos para Dios.

EVALUACIÓN DEL CARÁCTER

¿Cómo es un hombre de Dios? ¿Cómo podemos reconocer a una persona madura espiritualmente? ¿Qué busca Dios ver hoy en mi estilo de liderazgo? ¿Qué características específicas debo tener para ser un líder balanceado? ¿Soy un hombre espiritual?

Mientras reflexionas de una manera honesta acerca de las siguientes preguntas, podrás evaluar el desarrollo de tu propio carácter para el liderazgo.

AUTO-EVALUACIÓN:

¿Me mantengo en una comunión cercana con el Espíritu Santo?

¿Acepto a la Biblia como la Palabra de Dios?

¿Amo a los hijos e hijas de Dios?

¿Me identifico con el pueblo de Dios en una congregación local?

¿Me sujeto a la autoridad voluntariamente?

¿Amo al pecador y al que cae reincidentemente?

¿Adoro a Dios verdaderamente con todo mi corazón?

¿Tengo una vida de adoración sólida?

¿Tengo una actitud madura en situaciones de estrés?

¿Permito que otra persona termine un trabajo que yo comencé y reciba el reconocimiento?

¿Escucho y recibo críticas constructivas?

¿Acepto cuando se le asigna un trabajo, para el cual estoy mejor calificado, a otra persona, ?

¿Tengo paz interior durante tiempos difíciles?

¿Perdono a alguien que me ignora deliberadamente?

¿Puedo controlar mi enojo?

¿Puedo dejar pasar placeres hoy para lograr metas a largo plazo?

¿Termino los proyectos que comienzo?

¿Pongo a los demás primero que a mí mismo?

¿Me enfrento a decepciones desagradables sin amargura?

¿Admito cuando me equivoco?

¿Mantengo mis promesas y cumplo mis compromisos?

¿Puedo frenar mi lengua cuando la situación lo amerita?

¿Puedo aceptar y vivir en paz con las cosas que no puedo cambiar?

Aún cuando el carácter del mundo cada vez es más corrupto, el Señor continúa trayendo madurez al carácter de la Iglesia.

ÁREAS GENERALES DONDE DESARROLLAR TU CARÁCTER

El líder cristiano debe desarrollar su carácter en estas ocho áreas para poder lograr las metas de Dios en su vida:

Vida espiritual — La relación de un líder con Dios debe estar basada sobre un carácter piadoso, así como en una profunda sabiduría en la Palabra de Dios y en la oración.

Vida personal — Los hábitos, el estilo de vida y los patrones que desarrolla un líder tendrán una gran influencia sobre el ministerio que ha recibido del Señor.

> *"EL CARÁCTER, EN COSAS GRANDES Y PEQUEÑAS, SIGNIFICA LLEVAR A CABO LO QUE SIENTES QUE PUEDES LOGRAR."*
>
> **JOHANN VON GOETHE**

Vida familiar — La vida familiar de un líder es la base de su ministerio hacia la familia de Dios. Un líder debe tener su hogar en orden, antes de ser un líder. Esto demuestra el calibre de su carácter, ya que sin un carácter positivo no podría tener una vida familiar saludable.

Vida social — Las amistades de un líder reflejan las cualidades de su carácter. Un líder debe desarrollar un buen carácter para poder tener relaciones saludables. La lealtad y la aceptación son dos factores importantes en una amistad. Si un individuo tiene un buen carácter, él o ella tendrá los elementos que son necesarios para tener una vida social normal y saludable.

Vida educativa — La educación por sí sola no es suficiente para construir un buen carácter. Sin embargo, si el carácter es desarrollado por medio de disciplina, la educación puede ser una fuerza intensa que impulse la vida de un líder. Un buen carácter le habilitará para recibir una buena educación dentro y fuera de un aula de clases.

Vida ministerial — El carácter es la raíz de cualquier tipo de ministerio. Cómo funciona el ministerio es, en sí mismo, una manifestación del carácter de un líder. Lo que el líder sea va a revelarse en lo que haga durante y en su ministerio. Encontramos una lista en 1 Timoteo 3 y Tito 1 acerca de las cualidades del carácter de un líder, que sirven como fundamento de su vida ministerial.

Vida matrimonial — La vida marital de un líder será exitosa solamente si este tiene un carácter maduro y que ha sido desarrollado.

Un líder sin un carácter balanceado trae sus deficiencias dentro de su casa. La vida matrimonial de un líder solamente florecerá si su carácter es cultivado; si no nunca podrá satisfacer las necesidades de su esposa.

Vida financiera — Jesús dijo que si un hombre no sabe cómo manejar su dinero, Dios no le asignará las verdaderas riquezas del Reino. La manera en que el líder utilice su dinero demuestra características de su sabiduría, deseos, valores, autoestima, y prioridades (pero esto no tiene que ver con cuánto dinero tenga).

El costo de desarrollar tu carácter

Más que nunca, el cristiano necesita desarrollar su carácter para no conformarse a los diferentes moldes de este mundo. Si la Iglesia ha de alcanzar y mantener la imagen del Señor Jesús, sus líderes deben ser ejemplos vivientes de cómo lograrlo. Necesitamos un carácter fuerte y piadoso para poder resistir los ataques del enemigo. Necesitamos líderes que puedan identificar el costo y pagar el precio de desarrollar en su vida un carácter sólido.

Identificar el costo es:

1. Considerar que tan realistas son tus propósitos y metas.

2. Calcular cuanta energía y esfuerzo necesitarás para poder llevar a cabo la labor completa.

3. Anticipar distracciones, obstáculos, trampas y artimañas que vendrán a tu camino.

4. Enlistar todos los privilegios que disfrutas y después analizar y determinar cuidadosamente si estos privilegios han debilitado el progreso hacia tus metas. Si es así, debes dejarlos a un lado del camino.

5. Realizar un pacto contigo mismo en el cual decides no darte por vencido en tiempos de gran desaliento, frustración o estrés.

6. Unirte con el tipo de personas que están moviéndose en la misma dirección que tú.

7. Proponte llevar a cabo el propósito de Dios para tu vida en el compás de Dios y a su manera.

Dios te anima como líder a afrontar el reto, diciéndote:

- Yo te escogí; no te rechacé. (Isaías 41:8-9)
- No temas, que Yo estoy contigo. No desmayes. (Isaías 41:10)
- Yo soy tu Dios. (Isaías 41:10)
- Te fortaleceré y te ayudaré. (Isaías 41:10)
- Te sostendré con mi diestra victoriosa. (Isaías 41:10)
- Destruiré a todos tus enemigos. (Isaías 41:11-12)
- Te convertiré en una trilladora nueva y afilada, de doble filo. (Isaías 41:15)

Capítulo 7

LAS CUALIDADES DEL CARÁCTER DEL LÍDER

Cuando Timoteo se hospedó en Éfeso para apoyar al apóstol Pablo y ayudar crecer y madurar la Iglesia, él a menudo trabajó con hombres que querían ser maestros y líderes espirituales en la Iglesia. En 1 Timoteo 3:1, Pablo encomendó a aquellos que querían ser líderes diciéndoles: "A noble función aspira."

A continuación, Pablo presenta una larga lista de cualidades que un líder debe poseer. Obviamente, él deseaba que Timoteo escogiera un cierto tipo de persona para ser líder en la Iglesia. Las enseñanzas de Pablo hacia Timoteo y Tito crearon un perfil poderoso que sirve para examinar el nivel de madurez de un cristiano.

El ser un hombre de Dios no es un "asunto súbito". Esto es cultivado por el Espíritu Santo por medio de un proceso lento. Timoteo en Éfeso y Tito en la Isla de Creta tuvieron que examinar a muchos que aspiraban ser líderes. Las cartas que Pablo les escribió incluían los requisitos de carácter que un buen líder debe poseer; estos nos sirven como vara para medir el desarrollo del carácter de cualquier cristiano.

En 1 Timoteo 3:1-13 y en Tito 1:5-9 los estándares de la madurez son nombrados. Los identificaré y explicaré a continuación:

Sin reproche

(1 Timoteo 3:2, Tito 1:7)

Libre de culpa, con una integridad incuestionable, irreprochable – "nada se apodera de él" – teniendo un carácter tal que nadie puede tomar control de esta persona, acusándolo con cargos de maldad que sean legítimos. Por lo tanto, un anciano[1] debe ser un ejemplo hacia el rebaño de Dios, y liberarse de la mancha del escándalo y de la acusación. Un líder debe conducirse de manera que cualquier acusación se considere absurda y sin fundamento.

Una persona irreprensible es:

> "Un dirigente debe llevar una vida que nadie tenga por qué criticar" (1 Timoteo 3:2 PDT).
>
> "A quien no se le pueda acusar de nada malo" (3:2 TLA).
>
> "Debe vivir de manera intachable" (Tito 1:7 NTV).
>
> "Es necesario que lleve una vida irreprochable" (1:7 DHH).

Marido de una sola mujer

(1 Timoteo 3:2; Tito 1:6)

Esto no significa que un anciano debe estar casado (Pablo no se casó), pero que si está casado, debe estarlo con una sola mujer.

Un marido de una sola mujer es:

No bígamo

[1] Aunque estas características fueron escritas para seleccionar ancianos, todos los líderes cristianos deben tratar de adquirir estas características en su carácter, sin importar su edad.

"Debe ser esposo de una sola mujer" (TLA).

Al ser esposo de una mujer, este hombre no tiene nada que ver con ninguna otra mujer. Él debe ser un hombre que no pueda ser acusado de promiscuidad o lascivia sexual. Hay que tomar en cuenta que ser esposo de una mujer ha tenido un significado espiritual en diferentes épocas y en diferentes Iglesias.

En la Iglesia Católica Romana, la única esposa del obispo es la Iglesia, a quien él debe ser fiel. En varias Iglesias europeas prohíben que los viudos que se han vuelto a casar sirvan como obispos. Los padres de la Iglesia Primitiva permitieron a los hombres que estaban casados ordenarse como líderes, pero si este estaba soltero cuando fue ordenado, debía permanecer soltero toda su vida. Algunos líderes de la Iglesia sostenían que cualquier hombre que se había divorciado, aun cuando esto fuera antes de convertirse, sería descalificado para asumir el cargo.

El entorno social y moral en el que vivió el apóstol Pablo sin duda hicieron que este estándar fuera importante. Las prostitutas del templo pagano eran utilizadas sexualmente por los hombres, sin ningún estigma social. Mujeres de "compañía" eran comúnmente utilizadas por hombres tanto casados como solteros. Muchos hombres mantenían amantes de manera abierta y sin ningún tipo de vergüenza.

Pero al exigir a los líderes que fueran "maridos de una sola mujer", Pablo requería que estos estuvieran relacionados íntimamente con una sola mujer. Jesús mismo estableció una norma más alta: aquel que "mire a una mujer con lujuria" (enormes deseos por una relación sexual y física) es culpable de pecado. Sin embargo, tome en cuenta que ésta norma hace una diferencia entre la tentación y la lujuria, ya que en la tentación la participación es menos personal que en el pecado de la lujuria.

En el entorno histórico en el que se encontraba Pablo, un hombre felizmente casado manejaba mejor las varias tentaciones sexuales que otro hombre con un matrimonio en mal estado. Partiendo de esto, Pablo implica que un líder debe tener un matrimonio sólido, con una vida sexual saludable, y no debe exponerse deliberadamente a tentaciones sexuales (como la pornografía que hoy está al alcance de todos). Un hombre y una mujer deben trabajar arduamente para cultivar una enorme cantidad de unidad y amor en su matrimonio.

Un hombre nunca debe compartir sus luchas privadas con otra mujer, solo con su esposa o con otro hombre que sea maduro espiritualmente. Los hombres solteros nunca deben compartir sus luchas con una mujer soltera, y a veces ni con ciertos hombres solteros.

Templado

(1 Timoteo 3:2; Tito 1:8)

Esta característica del carácter indica mantenerse a uno mismo en autocontrol y disciplina. Un anciano debe tener la habilidad de controlarse y gobernarse en todos los aspectos:

"Controlar todos sus deseos" (TLA).

"Deben pensar bien las cosas antes de hacerlas" (Tito 1:8, TLA).

"Dueño de sí mismo" (RV 1960).

"Disciplinados en todo" (TLA).

La exhortación a ser sobrios (1 Tesalonicenses 5:6,8) es un llamado a la templanza. En 2 Timoteo 4:5, Pablo exhorta a Timoteo: "...soporta los sufrimientos, dedícate a la evangelización; cumple con los deberes de tu ministerio". Una persona templada tiene una perspectiva clara de la vida, y una orientación espiritual correcta y que lleva fruto. Un individuo que practica la templanza mantiene un balance físico, psicológico, y espiritual. Además, es estable, constante, siempre piensa claramente, y no pierde su perspectiva cuando está bajo estrés. Esta persona no se envuelve en falsa seguridad, sino que conserva una perspectiva apropiada a su realidad.

Prudente

(1 Timoteo 3:2)

Esto significa estar mentalmente sobrios, prudentes, sensible, no dado a pensamientos fantasiosos o a una irracionalidad emocional; es usar el buen juicio.

Una persona prudente es:

"Sensato" (1 Timoteo 3:2 NVI)

"Disciplinado" (Tito 1:8 NVI)

Existen muchas modas, fantasías, y caminos inestables en la religión de hoy, y los líderes necesitan tener una mente segura, sana y estable en todos los aspectos de la vida para no ser fácilmente removidos del camino de Dios.

Al definir el término "prudencia", los diccionarios incluyen estos elementos: cuidadoso, teniendo sentido común, tomando en cuenta las consecuencias de sus acciones, y previendo el futuro por medio del entendimiento del presente.

En Proverbios, un hombre prudente "disimula la injuria" y "mira bien sus caminos"; "responde a la corrección" y está "hambriento de formación". (Ver Proverbios 12:16,23; 13:16; 14:8,15,18; 15:5; 16:21; 18:15; 19:14; 22:3 y 27:12.

RESPETABLE

(1 Timoteo 3:2)

Un buen líder debe ser una persona de buen comportamiento, que tenga un estilo de vida modesto, en orden, disciplinado y respetable.

Una persona respetable es:

Organizada y moderada.

No vana, ni superficial.

Que tenga una serenidad que no traiga reproche alguno al ministerio de Dios.

La palabra en griego para "respetable" debe entenderse en su sentido más amplio ya que indica una característica del carácter y va más allá de qué tan refinada, cortés o amable sea una persona. Un hombre o mujer respetable vive una vida bien ordenada. La forma verbal de "respetable" en griego es *kosmeo.* Se utiliza para describir una casa bien organizada (Mateo 12:44), una tumba decorada (Mateo 23:29) y lámparas bien arregladas (Mateo 25:7).

Pablo quiere comunicar que un hombre que es respetable tiene un estilo de vida que es adornado por las enseñanzas de la Biblia, las cuales se demuestran en su hablar, su vestir, su rol en el hogar, en su oficina, y como realiza sus negocios. Dios es un Dios de orden. Un hombre de Dios, de igual manera, debe ser organizado y propio. (Ver 1 Tesalonicenses 4:10-12; Colosenses 3:23-24; 1 Timoteo 6:2; Colosenses 4:5,6; 1 Pedro 2:12; Filipenses 1:27).

Hospitalario

(1 Timoteo 3:2; Tito 1:8)

Ser hospitalario significa disfrutar de tener huéspedes en su casa. Significa mucho más que recibir gente en su casa. Es mostrar afecto y amabilidad con sus huéspedes. Un anciano debe disfrutar tener invitados en su hogar y poder ayudar a extraños.

> "Con agrado debe recibir visitas y huéspedes en su casa" (1 Timoteo 3:2 NTV).
>
> "Recibir con gusto en su casa a quienes los visiten" (Tito 1:6 TLA).
>
> "Cuando algún extranjero se establezca en el país de ustedes, no lo traten mal. Al contrario, trátenlo como si fuera uno de ustedes. Ámenlo como a ustedes mismos, porque también ustedes fueron extranjeros en Egipto. Yo soy el Señor y Dios de Israel" (Levítico 19:33,34).
>
> "Sigan amándose unos a otros fraternalmente. No se olviden de practicar la hospitalidad, pues gracias a ella algunos, sin saberlo, hospedaron ángeles" (Hebreos 13:1,2).
>
> "Practiquen la hospitalidad entre ustedes sin quejarse" (1 Pedro 4:9).

Apto para enseñar

(1 Timoteo 3:2)

Apto significa ser un maestro diestro. La palabra en griego muestra que el significado no es de simplemente enseñar, sino de ser un experto maestro. Capaz de enseñar por haber pasado por el proceso de haber sido enseñado.

"Capaz de enseñar y de comunicarse efectivamente." (1 Timoteo 3:2).

Esto implica tener la habilidad de probar a el no-creyente y el crítico que están equivocados, siendo el resultado de esto una comunicación apropiada de la verdad de Dios (Tito 1:9).

La palabra en griego utilizada aquí es *didaktikos* que significa que alguien puede impartir la verdad. Podría también traducirse como enseñable. Se refiere a la cualidad de la vida que implica ser humilde, sensible, y deseoso de conocer la voluntad de Dios.

La persona que es *didaktikos* no busca confrontaciones, para echarle leña al fuego. Esta persona es sensible a los demás, aun hacia aquellos que están confundidos, amargados, o obstinados. Cuando este líder sea atacado verbal o fisicamente, no responde con palabras hirientes y humillaciones. Él o ella vive de una manera que promueve el autocontrol y la madurez.

Aquellos que son aptos para enseñar también son aptos para aprender.

Aprenden más acerca de la Palabra de Dios (2 Timoteo 2:2).

Aprenden más sobre la palabra de Dios (Tito 1:9)

Viven conforme la palabra de Dios (2 Timoteo 2:24-25)

No dado a beber vino

(1 Timoteo 3:3; Tito 1:7; Proverbios 20:1)

Literalmente significa no distrayéndose con el vino o permanecer cerca del vino.

Aquel que bebe bebidas alcohólicas a menudo y en grandes cantidades.

"Aquel que se sienta por largo tiempo alrededor de su vino" (Robertson).

"No amador del vino" (RVA 1909).

¿Estaba Pablo condenando el beber por completo? En este pasaje, él no habla de una abstinencia total. Él usa una palabra, *paoinos,* que se refiere al término 'exceso', lo que significa que Pablo estaba hablando del tipo de consumo de alcohol que causa una pérdida de control de los sentidos, y que trae esclavitud. Pablo aquí se refiere a beber en demasía, y las consecuencias de esto son muy terribles (Proverbios 23:29-34). Una ley suprema nos gobierna en este asunto: nosotros no debemos hacer nada que "cause que el hermano tropiece" (Romanos 14:21).

No obstinado

(Tito 1:7)

Un anciano no debe ser dominado por intereses personales, arrogancia o terquedad. Él debe someterse a la autoridad, debe buscar agradar a Dios y a los demás y no convertirse en alguien terco. Un anciano no debe ser una persona rebelde, obstinada, dada a la auto-gratificación, presuntuoso, egocéntrico y que hace lo que le parece.

"No debe ser arrogante" (BPT).

"No deben ser tiranos" (TLA).

"No soberbio" (RVC).

"No debe ser terco" (DHH).

Una persona obstinada es terca, y siempre quiere hacer las cosas a su manera; nunca sacrifica sus deseos para servir a los demás, y cuando finalmente decide hacerlo, lo hace con resentimiento. La persona obstinada construye el mundo alrededor de sí misma. ¡El individuo obstinado es su propia autoridad!

(2 Pedro 2:2-3,10,14,18)

Esto probablemente no se aplica a ninguno de nosotros que leemos este libro. Pero para estar seguros, responda estas preguntas:

¿Sueles salirte con la tuya constantemente?

¿Tienes dificultad admitiendo tus errores?

¿Gobiernas tu hogar con un liderazgo autoritario – "Hazlo porque lo dije yo"?

¿Cuando eras niño, te dieron todo lo que pedías, y tuviste problemas al ser presumido o consentido?

Ser obstinado y ser tenaz son dos cosas muy diferentes. La persona que es madura espiritualmente no dominará a los demás, aunque muestre tenacidad no abusará de su poder.

NO IRACUNDO

(Tito 1:7)

No se enoja rápidamente, no es propenso a la ira, ni tiene un mal genio. Un anciano no debe ser irritable, malhumorado o propenso a enfadarse.

No debe "enojarse con facilidad" (TLA).

"No iracundo" (Tito 1:7 RVC).

No debe ser "amigo de peleas" (DHH).

La persona que no es iracunda no tiene una "mecha corta" ni "pierde los estribos". Nuestra guía para lidiar con el enojo es Efesios 4:26: "Si se enojan, no pequen." Algunos sentimientos de ira o enojo son inevitables en este mundo caído del ideal de Dios. Sin embargo, si somos prontos para liberar y abandonar estos sentimientos, no nos harán daño. Mantener el enojo hiere el espíritu, alimenta la ira que lentamente se convierte en venganza y puede causar que una persona pierda la perspectiva acerca de lo que es importante. Aquellos que son "lentos para la ira" (Santiago 1: 19-20) tienden a encontrar que el cooperar con el mover del Espíritu Santo es una tarea más fácil.

NO AGRESIVO

(1 Timoteo 3:3; Tito 1:7)

No ser violento, combativo, o agresivo. Un hombre agresivo carga con resentimientos y siempre está listo para la contienda, ¡hasta para una buena lucha teológica!

No es peleón.
No está determinado a tener discusiones y peleas.

Una persona belicosa pierde el control de sus sentidos y es controlado por la ira. Siempre está listo para discutir, y de manera combativa y agresiva; no puede evitar involucrarse en diversos tipos de violencia.

Encuentra paz en este hecho: Dios ha ayudado y ha usado a personas quienes han tenido problemas con la ira. Moisés tuvo un problema con el enojo. Mató a un egipcio (Hechos 7:20-29); arrojó y rompió las Tablas de la Ley que Dios le había dado; airadamente hirió la piedra que Dios había puesto para proveer al pueblo en el desierto en vez de cumplir el mandato de Dios (Números 20:1-13). A pesar de todo esto, el Señor utilizó a Moisés de una manera poderosa. En el Nuevo Testamento, Pedro también se mostró temerario, tanto en palabra como en hechos, lo que demostró al cortar la oreja al siervo del sacerdote en la noche del arresto de Cristo (Juan 18:1-27).

No es contencioso

(1 Timoteo 3:3)

Esto habla de alguien que no es polémico, belicoso, ni combativo, sino pacífico. Un anciano debe ser un hombre de paz.

"No ser resistido, invencible" (Thayer).

Pacífico

(1 Timoteo 3:3)

Que sea fácil de corregir.

La persona contenciosa tiraniza a los demás, pero en su interior es una persona insegura y que está a la defensiva. Él lucha contra los que le rodean, y tiene que competir y debatirlos. Esta persona no es feliz a menos que esté al mando y no está dispuesto a servir o a ponerse debajo de alguien más. Él no está dispuesto a ser flexible: "¡Se hace a mi manera o no se hace!"

Tales personas, usualmente celosas y egoístas, están motivadas por su propio orgullo. Este tipo de persona está dispuesta a discutir y a contender, y le encanta la controversia, la disensión, el conflicto, la lucha y la discordia.

En contraste, el verdadero líder cristiano tiene la cualidad en su ser de buscar la paz. Su lema es: "Con todo lo que tengas... vive en paz con los demás" (Romanos 12:16,18). Esta persona acepta la crítica constructiva y se deja corregir.

APACIBLE
(1 Timoteo 3:2)

> Que sea paciente, dócil, benévolo, gentil, considerado y tranquilo.
>
> Una persona apacible tiene una disposición templado, manso.
>
> Es gentil y considerado (Robertson).

En Filipenses 4:5, la palabra en griego es *epiekes*. En varias versiones se ha traducido como "moderación", "paciencia", "auto-dominio" y "dulce razonabilidad". Significa "hacer trincheras", y por consecuencia "ceder", o "ser flexible". Es utilizado en el contexto de no insistir en los derechos legales que le correspondan; los derechos legales pueden convertirse en equivocaciones morales cuando una persona toma ventaja o quiere controlar y abusar de otra.

En un espíritu noble y generoso, una persona en un grado superior puede ceder hacia la persona de un estado menor. El pasaje de Gálatas 6:1 nos dice que restauremos a los demás "en un espíritu apacible".

NO CODICIOSO
(1 Timoteo 3:3)

Esta palabra en griego tiene el significado de no adquirir dinero por medios deshonestos u obtener dinero deshonesto por cualquier medio. Esta persona:

> No cultiva un amor hacia el dinero (Concordant Literal).
>
> No busca ganancias deshonestas (1 Timoteo 3:3, NVI).
>
> "Desinteresado en cuanto al dinero" (DHH).

Esta persona no es envidiosa o codiciosa de las posesiones de los demás. No es amante del dinero, no es avaro ni tampoco codicioso. Un líder debe estar libre de las ataduras que trae el amor al dinero y a las pertenencias. Tener una actitud de estar insaciable por riquezas y estar preparado para obtenerlas de maneras cuestionables, descalifica a cualquier persona de tener una posición de liderazgo en la Iglesia. Esta atadura hace que el crecimiento espiritual sea imposible.

GOBIERNA BIEN SU CASA

(1 Timoteo 3:4; Tito 1:6)

Un líder o anciano debe presidir y administrar su propio hogar (los miembros de su familia, sus finanzas, sus pertenencias, etc.), de manera excelente. Gobernar implica preocuparse y tener cuidado hacia quienes están en el hogar. Esto requiere más que solo asegurarse que el rumbo general vaya bien; también requiere ayudar a conducir los asuntos familiares. El término en griego que se traduce bien significa hacer algo de manera excelente y con belleza, y no simplemente algo aceptable. En cuanto a los hijos, dice "que gobierne bien su casa, que tenga a sus hijos en sujeción con toda honestidad", lo que significa que los mantiene bajo control (en obediencia y en sumisión). El término "con toda la honestidad" puede aplicarse a los ancianos y a los niños de igual manera. "Con toda honestidad" significa un verdadero sentido de dignidad, respeto y reverencia.

MANTENER A SUS HIJOS EN SUJECIÓN

(1 Timoteo 3:4)

> Controla su propio hogar (*Concordant Literal*).
>
> "Debe gobernar bien a su propia familia y educar a sus hijos, para que sean obedientes y respetuosos" (Tito 1:6 TLA).

Este pasaje no habla acerca de niños pequeños. Estos pequeñitos pasarán por fases de mucha dificultad, pero si no hay un tipo de vida con propósito, el tiempo dirá si los padres enseñaron bien a su hijo o hija. Cuando se habla de "rebeldía", se refiere a los hijos o hijas que ya han llegado a la edad donde son responsables por sus acciones. El desenfreno y el estilo de vida impropio, que es característica de la rebelión, es común en los adolescentes y en jóvenes adultos. En 1 Samuel 2:12, los dos hijos de Elí fueron descalificados para convertirse en sacerdotes por su estilo de vida caótico que los convirtió en "hijos de Belial" (2:17). Si verdaderamente amamos a nuestro cónyuge e hijos, debemos cuidarlos en amor (Efesios 5:25; 1 Pedro 3:7).

UNA BUENA REPUTACIÓN CON LOS DE AFUERA DE LA IGLESIA

(1 Timoteo 3:7)

Este es el resultado de vivir de una manera que produzca un excelente testimonio para lo que están fuera del espectro de la Iglesia (la comunidad no-cristiana). Una buena reputación debe existir en el área de negocios, en las relaciones de la comunidad y en la ley civil. Un anciano o líder debe ser una persona que es respetada tanto en el trabajo como en la Iglesia.

El anciano debe ser un ejemplo de la virtud cristiana en su comunidad, demostrando los conceptos de integridad, honestidad y pureza:

> "Compórtense con sabiduría hacia los de afuera" (Colosenses 4:3,6).
>
> "No ofendan a nadie, ni a los Judíos, ni a los Gentiles" (1 Corintios 10: 31-33).
>
> "Que tus conversaciones sean honestas alrededor de los Gentiles" (1 Pedro 2:12).

AMANTE DE LO BUENO

(Tito 1:8)

Aunque la Versión Reina Valera dice "amante de lo bueno", la palabra en griego es mucho más amplia que esto: implica que se deleita en lo bueno, es decir, buenas personas, buenas actividades, buenos sucesos, buenos pensamientos. Un anciano o líder debe enfocar su deseo hacia las cosas buenas que Dios hace, y no enfocarse en lo malo, lo dudoso o en las cosas que no son tan importantes.

"Deben hacer siempre lo bueno" (Tito 1:8 TLA).

"Amigo del bien" (Tito 1:8 NVI).

Un promotor de la Virtud

Esta forma de pensar está descrita en detalle en Filipenses 4:8, donde Pablo hace una lista de muchas cosas buenas en las que el creyente se puede fijar: "todo lo que es verdadero, todo lo honesto, todo lo justo, todo lo puro, todo lo amable, todo lo que es de buen nombre; si hay virtud alguna, si algo digno de alabanza, en esto pensad."

Justo
(Tito 1:8)

Ser justo es ser honrado, equitativo, e íntegro. No solo implica estar justificado delante de Dios, sino también hacer lo que es correcto y justo en el trato con los demás. Esta es la conducta que cumple con la aprobación del Juez divino. El hombre justo es:

Equitativo en su carácter

Justo en sus decisiones

Justo en sus juicios

Integro e imparcial

El hombre justo puede tomar decisiones maduras y hacer juicios correctos. Dios bendijo a Salomón en gran manera porque en vez de pedirle riquezas, él hizo esta oración: "Señor, dame un corazón lleno de entendimiento." Otros ejemplos de hombres justos son José (Mateo 1:19); Cornelio (Hechos 10:22); y Juan el Bautista (Marcos 6:20).

Devoto
(Tito 1:8)

Una persona devota sigue la santidad, agrada a Dios, y es separado para el servicio del Reino de Dios. Lo opuesto a esta característica del carácter es la carnalidad y la mundanalidad.

"La naturaleza y el carácter esencial en relación a Dios" (Kevin J. Conner).

"Benigno" (Concordant Literal).

"De buen juicio, justo, santo y disciplinado" (Tito 1:8 DHH).

Un individuo devoto practica de una manera activa y consistentemente la virtud, mantiene sus obligaciones morales y religiosas.

No es un novato
(1 Timoteo 3:6)

Que no sea un cristiano recién convertido.

"No un neófito" (1 Timoteo 3:6 RV 1960).

"No debe ser un recién convertido" (NVI).

A los principiantes, aunque llenos de esperanza y con cualidades para el ministerio, todavía les falta la madurez necesario en la fe. Esto no se refiere a la edad de una persona, sino a su madurez espiritual.

Tal líder puede fácilmente convertirse en una persona engreída, lo que en griego significa "envanecido" con orgullo, y puede nublar su influencia con vanidad. En esta posición empañada, el diablo puede hacerlo caer.

Con frecuencia se ve en la Iglesia que se eleva a una estrella de televisión, de cine, de música, etc., a un liderazgo espiritual, casi inmediatamente después de su conversión. Esto viola el mandamiento bíblico en 1 Timoteo 3:6. Algunos de estos líderes de "incubadora" sobreviven a este error, otros son arruinados de por vida, pero muchos nunca encuentran un papel equilibrado en el ministerio.

Se mantiene fiel a la Palabra de Dios
(Tito 1:9)

Un anciano o líder debe estar firmemente arraigado y fundamentado a la Palabra de Dios así como fue enseñado. Debe conocer las escrituras y la enseñanza que recibió (la sana doctrina). Ver también 2 Timoteo 2:2.

Aferrarse fielmente a la Palabra de Dios incluye:

"Jamás se debe transigir con la verdad" (Kevin J. Conner).

Tener una profunda convicción de la infalibilidad y la autoridad de la Escritura.

Sin doblez
(1 Timoteo 3:8)

Esto incluye:

No deben ser falsos, diciendo una cosa y luego afirmando otra, sino que deben ser sinceros en lo que dicen.

No mediar entre dos personas, diciendo una cosa a una persona, y después decirle algo completamente opuesto a la otra.

Escogiendo colaboradores

La siguiente lista identifica algunas de las características más importantes que un pastor debe buscar para seleccionar sus colaboradores:

- Integridad
- Compartir el mismo espíritu y la carga hacia Dios
- Fidelidad
- Compromiso hacia la Iglesia
- Actitudes correctas

- Un corazón de pastor
- Estabilidad
- Una habilidad de llevarse bien con las personas
- Deliberación en la toma de decisiones
- Que disfrute a las personas
- No dominante
- Lleno de gracia
- No hace acepción de personas
- Tiene un corazón de siervo
- No es un entrometido
- Puede guardar secretos
- Un espíritu de sacrificio
- Exitosa en un trabajo secular
- Vive consistentemente con principios bíblicos
- No es adicto a los dioses de este mundo
- Buenos hábitos
- Practica la Palabra
- Con un espíritu educable
- Amor por la palabra de Dios
- Recibe corrección y cambia sus caminos
- Da apoyo y no es competitivo hacia los demás
- Tiene un espíritu sumiso

- Tiene un corazón humilde

- Es transparente, abierto y de una naturaleza honesta

Espero que cada líder se esfuerce por desarrollar estas actitudes y cualidades en su propia vida, y que permita que Dios lo moldee en la imagen de su querido hijo, Jesucristo.

Capítulo 8

VIVIENDO UNA VIDA DE PUREZA MORAL

El ministro que es más propenso a extraviarse y caer en impureza moral no es tan diferente que cualquier otro hombre en otra profesión que cae. Las investigaciones muestran que los hombres que caen están en edad madura y están desilusionados con el llamado para su vida. Este ha descuidado su propio matrimonio y ha conocido a otra mujer que lo necesita. El es un llanero solitario, aislado de sus compañeros eclesiásticos. De cualquier manera, su asociación con Dios hace que su falla moral sea más seria que la inmoralidad en otro tipo de profesión. El público ve su autoridad derivada del Señor, apartándolo aun de otros que hacen un trabajo similar como un terapeuta o un consejero profesional.

Henry Ward Beecher, el gran predicador del siglo diecinueve, fue casi arruinado después que una aventura ilícita fue conocida. Al final del siglo veinte, varios líderes destacados en el mundo cristiano cayeron en la inmoralidad sexual. Esto ocurre en todas las denominaciones, tanto pentecostales como evangélicos tradicionales. Cuando realiza su ministerio impactante ante una multitud, un ministro puede parecer que comanda gran poder, lo cual puede hacerle creer que está por encima de las normas.

Los consejeros y terapeutas que trabajan para restaurar los ministros que han caído dicen que el poder está ligado a la pasión sexual. Las mujeres pueden imaginar que hay un tremendo beneficio en unirse sexualmente con un ministro, mientras que estos ministros cegados por su lujuria bloquean los pensamientos de convicción para gratificar su carne y sus fantasías.

La impureza moral es como una infección que introduce veneno en un cuerpo sano y causa enfermedades, corrompe y mancha. Es una enfermedad o un malfuncionamiento que si no se corrige, puede llevar a la muerte. La prescripción bíblica puede tratar la inmoralidad. El diagnóstico localiza las áreas infectadas que necesitan tratamiento. La prescripción para el tratamiento demanda limpieza y aplicación de la medicina apropiada. La buena salud depende de buenos diagnósticos y buenas medicinas.

Como en Sodoma, la perversión y la suciedad rodean a las personas de hoy. Lot vivió en una sociedad corrupta dominada por una maldad sin restricción e impureza moral.

> "Además, condenó a las ciudades de Sodoma y Gomorra, y las redujo a cenizas, poniéndolas como escarmiento para los impíos. Por otra parte, libró al justo Lot, que se hallaba abrumado por la vida desenfrenada de esos perversos, pues este justo, que convivía con ellos y amaba el bien, día tras día sentía que se le despedazaba el alma por las obras inicuas que veía y oía. Todo esto demuestra que el Señor sabe librar de la prueba a los que viven como Dios quiere, y reservar a los impíos para castigarlos en el día del juicio." (2 PEDRO 2:6-9)

Un hombre justo purifica su alma y remueve la suciedad que causa infección. La palabra en hebreo para *inmundicia* significa manchado, sucio, abominable, inmundo, y asqueroso. Esto describe cualquier cosa que se ensucia o se profana. Se refiere específicamente a la deshonra sexual o sensual. La palabra *profanar* significa descolorar algo para pintar, manchándolo, haciéndolo sucio. Los próximos versículos nos advierten y nos animan como cristianos, incluso a los líderes, a evitar inmundicia, la deshonra o la corrupción.

> ISAÍAS 4:4
> "Con espíritu de juicio y espíritu abrasador, el Señor lavará la inmundicia de las hijas de Sión y limpiará la sangre que haya en Jerusalén."

> SANTIAGO 1:21
> "Por esto, despójense de toda inmundicia y de la maldad que tanto abunda, para que puedan recibir con humildad la palabra sembrada en ustedes, la cual tiene poder para salvarles la vida."

> PROVERBIOS 30:12
> "Hay quienes se creen muy puros, pero no se han purificado de su impureza."

> 2 CORINTIOS 7:1
> "Como tenemos estas promesas, queridos hermanos, purifiquémonos de todo lo que contamina el cuerpo y el espíritu, para completar en el temor de Dios la obra de nuestra santificación."

A Josué se le dijo que eliminara sus vestidos sucios (Zacarías 3:3-4), y en Colosenses 3:8 se nos exhorta a los cristianos a desechar toda impureza. La impureza y la mala conducta sexual allanan el camino para futuras rebeliones y desobediencias. Las sociedades que fallan en restringir la impureza moral también suelen dar rienda suelta a la rebelión y mucho desdén hacia la autoridad.

En 2 Pedro 2:10 se habla de todos los que andan de acuerdo a la carne en concupiscencia e inmundicia y desprecian a la autoridad. Estas personas son presumidas y obstinadas. No tienen ningún temor de hablar mal de las potestades.

SIETE CAUSAS FUNDAMENTALES DE IMPUREZA MORAL

La sociedad occidental ha sido infectada con la impureza moral y ahora sufre la enfermedad en todo su esplendor. Los síntomas incluyen estilos de vida paganos y valores sostenidos por el público general. Los síntomas apuntan hacia las causas fundamentales de las infecciones espirituales:

1. El no poder purificarse de los pecados diarios. La salvación limpia el corazón del hombre o al ser interior. La persona es responsable de mantener su corazón sano al andar en la luz y al aplicar la sangre de Jesús a sus pecados diarios. (Ver I Juan 1:7-9; Salmos 51:10,17; 139:23; Prov. 4:23; 15:28; Mateo 5:8; 2 Timoteo 2:12).

EZEQUIEL 36:25-27
"Los rociaré con agua pura, y quedarán purificados. Los limpiaré de todas sus impurezas e idolatrías. Les daré un nuevo corazón, y les infundiré un espíritu nuevo; les quitaré ese corazón de piedra que ahora tienen, y les pondré un corazón de carne. Infundiré mi Espíritu en ustedes, y haré que sigan mis preceptos y obedezcan mis leyes."

2. Pecados escondidos. Los pecados secretos están escondidos, cubiertos, ocultados o disfrazados. Cuando Dios expone los pecados secretos, Él permite que otros vean las consecuencias devastadoras del pecado.

SALMOS 19:12
"¿Quién está consciente de sus propios errores? ¡Perdóname aquellos de los que no estoy consciente!"

PROVERBIOS 28:13
"Quien encubre su pecado jamás prospera; quien lo confiesa y lo deja, halla perdón."

Personajes sutiles convierten en encanto los placeres del pecado y tientan a los creyentes a pensar como el hombre necio de Proverbios.

Este pensó que los placeres del pecado iban a durar mucho tiempo, pero no es así. El creyente debe odiar al pecado, conociendo que el pecado bloquea todos los logros que Dios hubiera planificado para su vida. El creyente debe odiar al pecado al ver que este daña la vida de las personas que ama. Con todo, no podrá odiar el pecado a menos que entienda cual es su costo final. El pecado sin confesar puede causar miserias fuera de nuestro control (Mateo 10:26-27).

SALMO 51:6
"Yo sé que tú amas la verdad en lo íntimo; en lo secreto me has enseñado sabiduría."

1 CORINTIOS 3: 13
"Su obra se mostrará tal cual es, pues el día del juicio la dejará al descubierto. El fuego la dará a conocer, y pondrá a prueba la calidad del trabajo de cada uno."

Las escrituras son claras. El remedio de Dios hacia los pecados del hombre es la confesión. Dios va a revelar los pecados escondidos, y el hombre es responsable de confesarlos y abandonarlos. Dios le provee a todos el tiempo suficiente para arrepentirse (Apocalipsis 2:21). Es solo un asunto de tiempo hasta que el pecado de un hombre es revelado. Si él se arrepiente primero, Dios puede ser el único que vea las consecuencias del pecado. Si no, las consecuencias pueden ser visibles para todos.

3. Pensamientos impuros. Los cristianos no deben solamente buscar el Reino de los cielos, sino que también deben exponer cada pensamiento y ponerlo debajo el poderío de Dios y de su Palabra.

COLOSENSES 3:2
"Concentren su atención en las cosas de arriba, no en las de la tierra."

Los malos pensamientos conducen a deseos malvados. Los malos deseos conducen a malas acciones, que al final forman hábitos que esclavizan. Para ser ejemplo a los demás, un líder necesita limpiarse inmediatamente de los pensamientos erróneos para que estos no destruyan sus emociones o sus afectos. Él necesita convertir cada uno de sus pensamientos en conversaciones con Dios, para que Dios pueda tener el lugar que le corresponde en sus pensamientos y limpiarlos por medio de la convicción del Espíritu Santo. Un hombre puede reconstruir sus pensamientos por medio de la memorización y la meditación de la Biblia.

> COLOSENSES 3: 3-5
> "Pues ustedes han muerto y su vida está escondida con Cristo en Dios. Cuando Cristo, que es la vida de ustedes, se manifieste, entonces también ustedes serán manifestados con él en gloria. Por tanto, hagan morir todo lo que es propio de la naturaleza terrenal: inmoralidad sexual, impureza, bajas pasiones, malos deseos y avaricia, la cual es idolatría."

Los individuos explotadores y los manipuladores conocen los instintos básicos del hombre. Ellos saben cómo tomar ventaja de la mente de los demás y hacerlos codiciar cosas impías y convertirlos en esclavos. Las historias y los anuncios en la televisión y en los medios impresos inundan la población con mensajes que apuntan a los deseos básicos de la humanidad.

4. Hábitos que contaminan. Un hábito es una parte del estilo de vida de una persona o el lugar que habita, el lugar donde vive. Cuando una acción es repetida frecuentemente se convierte en un hábito.

> ROMANOS 13:14
> "Más bien, revístanse ustedes del Señor Jesucristo, y no se preocupen por satisfacer los deseos de la naturaleza pecaminosa."

Una persona es esclava a lo que decida someterse. El apóstol Pablo exhorta a los cristianos a no presentar sus cuerpos como instrumentos del pecado, para no dejar que el pecado tome control, y para no obedecer la codicia del pecado (Romanos 6:12-14). A los creyentes les es necesario andar en el poder del Espíritu Santo y en santidad para que sus hábitos sean santos delante del Señor.

5. Idolatría hoy en día. La idolatría es cuando existe un apego excesivo o un amor por algo o alguien que no es Dios. Tiene que ver con el corazón de un individuo, sus emociones, y talentos. El dar prioridad o atención a cualquier cosa que no sea Dios convierte a un hombre en un idólatra impío. Utilizar los recursos que Dios ha provisto en maneras que no glorifiquen a Dios es una manera de ser idólatra.

1 CORINTIOS 10:7
"No sean idólatras, como lo fueron algunos de ellos, según está escrito: 'Se sentó el pueblo a comer y a beber, y se entregó al desenfreno.'"

1 JUAN 5:21
"Queridos hijos, apártense de los ídolos."

LEVÍTICO 26:1
"No se hagan ídolos, ni levanten imágenes ni piedras sagradas. No coloquen en su territorio piedras esculpidas ni se inclinen ante ellas. Yo soy el Señor su Dios."

COLOSENSES 3:5
"Por tanto, hagan morir todo lo que es propio de la naturaleza terrenal: inmoralidad sexual, impureza, bajas pasiones, malos deseos y avaricia, la cual es idolatría."

6. Una consciencia contaminada. La consciencia es sensible hacia el placer y el dolor de la moral, y esta misma puede ser llamada el árbitro interior. Sabe distinguir entre el bien y el mal. La consciencia habita en el espíritu de un individuo, instándole que haga lo correcto y advirtiéndole que se mantenga alejado del mal. Una consciencia transparente es esencial para ser exitoso en la guerra espiritual. Sin embargo, la ignorancia de cómo la consciencia hace su trabajo puede ser causa de un gran desorden espiritual (1 Corintios 1:12; 1 Timoteo 3:9; 2 Timoteo 1:3; Hebreos13:18).

HECHOS 24:16
"En todo esto procuro conservar siempre limpia mi conciencia delante de Dios y de los hombres."

1 TIMOTEO 1:5,19
"Debes hacerlo así para que el amor brote de un corazón limpio, de una buena conciencia y de una fe sincera... y mantengas la fe y una buena conciencia. Por no hacerle caso a su conciencia, algunos han naufragado en la fe."

El ser humano está compuesto de cuerpo, alma y espíritu. El cuerpo es la casa de los cinco sentidos; el del olfato, la vista, la audición, el tacto y el gusto. El alma incluye la mente, la voluntad y las emociones de una persona. El espíritu es el hogar de la consciencia y la intuición del ser humano. La consciencia es una facultad única e innata del ser humano que sirve para escuchar la voz de Dios. Dios la creó para guiar al individuo a tomar decisiones que le agradan. Si la conciencia se corrompe en poco fiable. De cualquier manera, una conciencia contaminada puede ser limpiada y renovada por el Espíritu Santo para mantener a los creyentes por el buen camino. La consciencia no es la voz sobrenatural de Dios. La consciencia del hombre le da juicio, pero él debe decidir cómo actuará. Cuando es guiado por la Palabra de Dios, la consciencia se fortalece e insiste en hacer lo correcto, condena las malas acciones, causa remordimiento por el pecado, y recompensa la justicia con paz.

Cuando la consciencia no está regulada por la Palabra de Dios, la consciencia se debilita y puede corromper. La deshonra habla de la corrupción moral del alma (1 Corintios 8:7, 10, 12).

TITO 1:15
"Para los puros todo es puro, pero para los corruptos e incrédulos no hay nada puro. Al contrario, tienen corrompidas la mente y la conciencia."

Algunas personas nunca han tenido su consciencia enriquecida por la Palabra de Dios. Algunas pueden estar débiles porque les falta el conocimiento de la voluntad de Dios revelada en la Biblia. Otras pueden debilitarse porque su voluntad no ha sido rendida ante la voluntad divina. También puede suceder que las que en algún tiempo fueron fuertes se debilitaron al ignorar la Palabra de Dios. Una consciencia dejada en un estado de debilidad y contaminada puede endurecerse o volverse insensible.

La Palabra de Dios es verdadera. Si las acciones de un hombre no son coherentes con la verdad, este vive engañado. Cuando resiste la convicción del Espíritu Santo, empieza a racionalizar y a excusar sus acciones, y después a esconderse de Dios, esto contamina su consciencia. Violar repetidamente la Palabra de Dios produce gran contaminación hasta que la consciencia del hombre se marchita. Al reducir de continuo sus estándares lo pone bajo el yugo de su pecado oculto.

> 1 TIMOTEO 4:2
> "Tales enseñanzas provienen de embusteros hipócritas, que tienen la conciencia encallecida."

La palabra "encallecida" significa completamente insensible o marchita. Esto describe una planta que se maltrata con el calor. La maldad, cuando es practicada habitualmente, insensibiliza la consciencia del hombre. Si se contamina de continuo, la consciencia no se resiste a la maldad.

Dios diseñó la culpa para guiar a las personas al arrepentimiento, no a la desesperación. El Espíritu Santo trabaja en la consciencia del hombre para que se concientice de su propia culpa. Cada violación desencadena culpa inmediata, lo cual no puede ignorarse. La persona encuentra ayuda cuando se enfrenta a la realidad, admite su culpa, y se arrepiente. Cuando un hombre intenta desviar la culpa a los demás, o castigarse a sí mismo, trata con la culpa de manera errada. Tratar de eliminar la culpa no trae limpieza, sino que sigue debilitando su consciencia.

Una consciencia contaminada puede cambiar la personalidad de un hombre. Lo puede convertir en una persona defensiva o depresiva. Se transforma en una persona inestable y de doble ánimo en todo lo que hace, causando que vacile al tomar cualquier decisión. Una consciencia contaminada muchas veces hace que una persona se ponga nerviosa, y no pueda concentrarse. Puede ahuyentar a sus amigos. Esta persona debe pedirle al Espíritu Santo que aplique la sangre de Cristo en su vida para cubrir el pecado y limpiar su consciencia (Hebreos 9:9-14). En respuesta a la fe del hombre, el Espíritu Santo aplica el poder de la sangre de Cristo a su consciencia.

> HEBREOS 10:22
> "Acerquémonos, pues, a Dios con corazón sincero y con la plena seguridad que da la fe, interiormente purificados de una conciencia culpable y exteriormente lavados con agua pura."

El sacrificio del primer pacto siempre estuvo disponible y accesible. Podía ofrecerse en cualquier tiempo para limpiar a los violadores de la ley. Dios busca que el pecador responda con convicción como lo hizo el Rey David. Cuando fue confrontado con su pecado, David dijo rápidamente, "He pecado en contra del Señor" (II Samuel 12:13).

Para poder vivir en pureza moral, un hombre debe restaurar su consciencia. La memorización de pasajes en la escritura producirán una corriente fresca del Espíritu Santo para limpiar la mente y fortalecer la consciencia. Las escrituras proveen los pensamientos de Dios para aplicar en las áreas de debilidad. Uno puede mantener su consciencia limpia al limitar su exposición diaria a las tentaciones que están cercanas. Con la eliminación del peso muerto del pecado pasado, su alma se eleva como una alondra con una canción, liberada en su elemento natural. El Espíritu Santo se deleita en ayudar a los hombres a vivir libres de las ofensas que han causado tanto a los demás como a Dios.

7. La ausencia de estándares morales. Los estándares morales influencian la actitud de una persona hacia Dios y hacia la vida. Desafortunadamente, lo que las personas dicen y lo que terminan haciendo no siempre es lo mismo. La tierra está llena de adúlteros y las palabras del profeta Jeremías 23:9-17 se están cumpliendo en nuestro tiempo. La sexualidad satura nuestra sociedad. La fidelidad se mira de soslayo, y el adulterio es aceptado. Los libros, las revistas, los anuncios, y las películas lo promueven sin cesar. Las telenovelas y los programas de entretenimiento continúan inculcando este mensaje: "El sexo es bueno dentro o fuera del matrimonio. Disfruta todo lo que puedas, siempre que puedas."

Un prominente sexólogo recomienda "adulterio saludable" para las parejas, argumentando que esto renueva el romance. La inmoralidad en la sociedad atenta contra la pureza de la Iglesia. Actitudes permisivas tienden a infiltrarse en la Iglesia. Algunos líderes cristianos actúan como que cualquier cosa vale, y que el amor cubre todo, permite todo. Estos líderes no predican en contra de la inmoralidad en el cuerpo de la Iglesia; ni siquiera mencionan la palabra *adulterio*. No enfatizan la santidad y la pureza de Dios.

En los últimos treinta o cuarenta años, algunos líderes de la Iglesia habrán aflojado sus estándares esperando que la Iglesia sea más relevante a la sociedad. Sin embargo, sus esfuerzos para hacer sus congregaciones más relevantes han logrado todo lo contrario, haciéndolas irrelevantes para el Reino de Dios.

LO QUE LAS IGLESIAS DE HOY NECESITAN

Existe una escuela de pensamiento que dice que la solución a los problemas más grandes, así como el aumento de la violencia acompañada por una falta total de consciencia en los criminales, madres solteras, mortalidad infantil, pobreza y drogas, se encuentra en el regreso de la sociedad hacia la religión. Para la enfermedad del alma, nada más que una cura espiritual lo sanará. ¿Pero qué si las Iglesias no están allí para recibirles?

El mundo no creyente se burla de los cristianos que no viven de acuerdo a las enseñanzas bíblicas. Cuando un líder de la Iglesia reduce sus estándares para mejorar su imagen en el ojo público, o para parecer más a tono con las filosofías actuales, está destruyendo lo que distingue a la Iglesia y la esencia de su propio ministerio.

Todo líder debe tener límites. Estos deben exaltar los valores fieles y consistentes de la Palabra de Dios, y aquellos estándares prohíben la impureza moral. Esto no puede ser ignorado ni tampoco pretender que no existe. Los líderes que se han apartado de la verdad deben arrepentirse porque serán juzgados por Dios. En cambio, deben alzar sus voces como trompetas y declarar que el sexo antes del matrimonio y el adulterio es un grave error.

Entendiendo la ira de Dios

Las personas necesitan entender que la inmoralidad en la Iglesia y en el mundo invita la ira de Dios. La ira de Dios no es ficción, ni un elemento del lenguaje, sino una realidad terrible. Esta es la constante, inmutable, reacción de la santidad y piedad de Dios hacia el pecado. No es una pasión por venganza o una muestra de enojo, así como la ira humana tiende a ser. Dentro del margen de la teología del pacto, la ira de Dios es una expresión de un amor herido y rechazado. Dios tiene la última palabra cuando el hombre se entrega a la perversión. Al hombre no le es posible escapar por sí mismo. La ira de Dios es revelada en el tiempo de Dios (Apocalipsis 6:16; Salmo 76:7).

> "Ya que la ira de Dios es revelada desde el cielo en contra de toda impiedad y la injusticia del hombre, quien suprime la verdad con la injusticia" (Romanos 1:18).

> "Que nadie los engañe con argumentaciones vanas, porque por esto viene el castigo de Dios sobre los que viven en la desobediencia" (Efesios 5:6).

> "Dios es un juez justo, un Dios que en todo tiempo manifiesta su enojo" (Salmo 7:11).

La ira de Dios ha caído sobre la sociedad por que la impureza se va convirtiendo en su manera de vivir. La sociedad ha consentido en casi toda forma de inmoralidad sexual mencionada en la Biblia, y las personas son insensibles a la culpa.

Pecado sexual

La Biblia utiliza las siguientes palabras para definir la inmoralidad sexual:

La *sensualidad* es una apelación prevista para los sentidos físicos para gratificación personal. Es una obsesión por lo sexual. Esto significa ser gobernado por los apetitos y las pasiones de la carne (1 Corintios 2:14; Santiago 3:15; Judas 19).

La *lascivia* es una tendencia a excitar los deseos sexuales que no pueden ser satisfechos correctamente, de acurdo al plan de Dios. Esta se refiere a una lujuria desenfrenada, desvergonzada, con palabras sucias y movimientos indecentes del cuerpo (Marcos 7:22; Romanos 13:13; 2 Corintios 12:21; Gálatas 5:19; Efesios 4:19; 1 Pedro 4:3; 2 Pedro 2:7,18; Judas 19).

Los *deseos carnales* son antojos, deseos o anhelos por lo que está prohibido. Las personas con deseos carnales tienen deseos o apetitos sexuales fuera de lo normal.

Defraudar significa obtener algo de otra persona por medio de decepción. Esto significa tomar ventaja, engañar, defraudar (2 Corintios 2:11; 7:2; 12:17-18; 1 Tesalonicenses 4:6).

La *fornicación* es la relación sexual fuera del matrimonio, o los actos sexuales voluntarios entre un hombre y una mujer fuera del matrimonio. Los fornicadores prostituyen sus cuerpos fuera del pacto del matrimonio (1 Corintios 6:13, 18; 1 Tesalonicenses 4:3; Hebreos 12:16). El adulterio es la relación sexual entre una persona casada y una pareja que no sea su esposo o esposa (Ex. 20:14; Hebreos 13:4). La homosexualidad es la relación sexual entre dos personas del mismo sexo. La Biblia rechaza esto como un estilo de vida aceptable porque pervierte el orden natural de Dios para la identidad sexual y su realización. Hoy en día, el tema de la homosexualidad se ha convertido en una fuente de división, aun dentro de la Iglesia, por la manera en que la palabra de Dios en este tema es interpretada. Santiago 1:17 dice que Dios no tiene "sombra de variación." Su palabra permanece verdadera a través de los tiempos, y su palabra contiene muchas referencias al pecado de la homosexualidad. En Génesis 19, la maldad de los hombres de aquellas ciudades trajo destrucción divina. En Levítico 18:22 y 24, la homosexualidad es descrita como una "abominación" y como "deshonroso". En Romanos 1:18-32, el apóstol Pablo habló acerca de este pecado utilizando los siguientes términos: "sucio", "deshonroso", "vil", "malvado", y "en contra de la naturaleza".

Las personas que han cometido actos inmorales suelen mostrar signos reveladores. Frecuentemente se presentan con argumentos, resentimientos y nervios. Rechazan los estándares de la Palabra de Dios, se visten con ropas provocativas, y redefinen sus convicciones morales. Ellos pueden mentir, abandonar sus amigos cercanos, y evitar acercarse a las personas. No tienen la habilidad de involucrarse en conversaciones normales. La servidumbre a los actos inmorales existe cuando los deseos humanos están en conflicto con la naturaleza de Dios, pero nuestra libertad moral reina cuando los deseos de Dios se convierten en nuestros deseos.

Etapas del adulterio

Como cualquier otro ser humano, los líderes piadosos deben lidiar con las tentaciones de cometer adulterio. Aun Elías, un hombre con una naturaleza igual a la nuestra (Santiago 4:17), tuvo que lidiar con las tentaciones que son comunes a la raza humana (1 Corintios 10:13). La Biblia dice que "no debes cometer adulterio" (Éxodo 20:14). Los adúlteros del Antiguo Testamento cayeron bajo de la pena de muerte (Levítico 20:10).

Los hombres y mujeres no solo se despiertan un día y deciden que es un buen día para cometer adulterio, sino que progresan en un estado mental que los guía hacia un pecado terrible.

Hay cuatro etapas del adulterio:

Primero ocurre la infidelidad mental. El adulterio comienza en el interior de una persona, en la mente y en sus emociones. "Porque del corazón salen los malos pensamientos, los homicidios, los adulterios, la inmoralidad sexual, los robos, los falsos testimonios y las calumnias" (Mateo 15:19). Estos designios malignos vienen del centro del ser de una persona, de su corazón y de su mente (Marcos 7:21; 1 Corintios 10:4-5). El apóstol Pedro nos advierte que nuestros ojos no deben estar llenos de adulterio porque no podremos cesar de pecar (2 Pedro 2:14). Jesús dijo que quien sea que mire a una mujer de manera lujuriosa, ya ha cometido adulterio (Mateo 5:28). La palabra en griego que traducida es "mirada" significa un hábito de vida continuo. Se refiere a la mentalidad de una persona que es continuamente dominada por una fantasía malvada con una persona particular. Una mirada no equivale al adulterio. La infidelidad mental ocurre cuando la mente de una persona repite la acción deseada en una fantasía. Jesús condena la práctica de centrar la atención en una persona particular con la intención de cometer adulterio.

Los cristianos no pueden poner su cerebro en neutro y esperar que se llenen de buenos pensamientos. Ellos deben disciplinar su mente y llenarla con pensamientos justos que honren a la persona en quien están pensando (Filipenses 4:8).

2. El alimentar la carne aumenta los pensamientos adúlteros. Los líderes deben ser cuidadosos al discernir con que llenan sus miradas. Cualquier material de lectura que excita deseos, lujuria o fantasías sexuales debe ser eliminado. La Biblia exhorta a los creyentes a echar fuera todas las obras de las tinieblas y no andar en desenfreno (Romanos 13:12-13).

Muchos programas de televisión y videos dramatizan con sensacionalismo la inmoralidad, el sexo ilícito y la desnudez. Las escenas inmorales alimentan las fantasías en las imaginaciones de las personas, las cuales deben ser limpiadas y disciplinadas. Nuestros pensamientos nos dirigen hacia acciones. Los pensamientos de un hombre o mujer van a formar su carácter. La mente es como un jardín, lo puedes cultivar para producir la cosecha que desees. La mente es como un entrenamiento, adonde decisiones importantes concernientes a la vida y a la eternidad serán tomadas. La mente es como una armería, donde las armas son forjadas para ganar victorias. Como última instancia, la mente es como un campo de guerra, donde las batallas decisivas son ganadas o perdidas.

3. Las tentaciones se presentan. Pensamientos ocultos serán revelados por medio de una tentación a tu carne. La tentación no es pecado, pero ceder ante la tentación si lo es. Cada persona es tentada cuando es atraído por su propia concupiscencia y seducido por sus malos deseos (Santiago 1:14). "Queridos hermanos, les ruego como a extranjeros y peregrinos en este mundo, que se aparten de los deseos pecaminosos que combaten contra la vida" (1 Pedro 2:11). Tenemos que ser cuidadosos con nuestras amistades del sexo opuesto. Los abrazos que duran mucho incitan a emociones románticas, y tener muchas conversaciones íntimas puede ser peligroso. Evita coquetear con el adulterio. Tu mente y tu cuerpo son tus sirvientes. Debes disciplinarlos y llevarlos a la sumisión. Mantente alejado de la lujuria. Estas hacen campaña en contra del bienestar de tu alma. El cuerpo es el sirviente de la mente.

4. ¿Una sola vez o algo planificado? El Rey David fue sorprendido en una transgresión. "Hermanos, si alguien es sorprendido en pecado, ustedes que son espirituales deben restaurarlo con una actitud humilde. Pero cuídese cada uno, porque también puede ser tentado" (Gálatas 6:1 NVI). David cayó en el pecado de adulterio. Pero se arrepintió, y fue limpio aunque es cierto que tuvo que vivir con las consecuencias de su pecado. Si un hombre hace algo insensato en un acto de debilidad y cae en pecado, aun si este pecado es adulterio, puede ser restaurado. Ciertas paredes de contención se rompieron y necesitan ser reconstruidas.

Sin embargo, cuando un adúltero está habitualmente involucrado en actos inmorales, no se trata de tropiezo. Esta persona emplea el engaño y una planificación malvada y estratégica como un estilo de vida. Se alimenta de las emociones de mujeres débiles, sabe como tomar ventaja de su debilidad, y hace lo que sea para seducirlas. Busca a miembros del sexo opuesto y fantasea acerca de hechos adúlteros con estos. Luego seduce a su victima mientras aconseja, o colabora en el ministerio, o al viajar juntos en sus negocios. Esta persona se ha vendido, incluyendo a su cuerpo, a los placeres de la inmoralidad.

CONSECUENCIAS DEL ADULTERIO

El adulterio extrae un precio muy alto a sus participantes. Este acarrea grandes consecuencias. Esaú vendió y no pudo recibir su primogenitura porque fue un hombre profano, un fornicador (Hebreos 12:16-17).

Rubén desechó su primogenitura porque fue un fornicador y cometió incesto (Génesis 49:3-4). David cometió adulterio y asesinato. Aunque fue perdonado también recibió su castigo. La espada nunca se apartó de su casa. El Señor permitió la maldad en contra de su casa. David fue abiertamente reprendido y humillado. Ammón cometió incesto y fue asesinado por eso. Absalón estuvo con las esposas de su padre en su rebelión y murió por esto. Salomón tuvo muchas esposas que apartaron su corazón del Señor. Cuando esto sucedió, él no pudo encontrar satisfacción ni disfrute en la vida.

Números 25 registra un período de inmoralidad entre los israelitas y los madianitas. Dios trajo juicio hacia ellos. Finés, quien era celoso por la santidad de Dios, trató de pararlo, pero las consecuencias de su inmoralidad cayó sobre toda la nación.

El pecado puede ser disfrutable, pero nunca puede cubrirse de manera exitosa. Ningún tipo de oración o vida piadosa va a deshacer el daño causado por una acción indisciplinada de infidelidad.

"Él no aceptará nada en desagravio, ni se contentará con muchos regalos" (Proverbios 6:35).

Una persona adúltera no deberá quedar sin castigo por su pecado.

> "Y él en seguida fue tras ella, como el buey que va camino al matadero; como el ciervo que cae en la trampa, hasta que una flecha le abre las entrañas; como el ave que se lanza contra la red, sin saber que en ello se le va la vida." (Proverbios 7:22-23).

Aquellos que pecan sexualmente, aunque sean solteros o casados, serán juzgados por Dios.

La persona adúltera recibirá las siguientes consecuencias, de acuerdo al libro de Proverbios, capitulo 6:

- "Pues tampoco quien se acuesta con la mujer ajena puede tocarla y quedar impune." (v. 29)
- "Pero al que comete adulterio le faltan sesos; el que así actúa se destruye a sí mismo." (v. 32)
- "No sacará más que golpes y vergüenzas y no podrá borrar su oprobio." (v.33)

Consecuencias adicionales:

- Arruina sus amistades.
- Peca en contra de su propio cuerpo.
- Puede ser juzgado con una pena de muerte.
- Puede experimentar una comunión rota con el pueblo de Dios y ser excomulgado.
- Puede entregarse tanto a la inmoralidad que se convierta en un réprobo.

Los líderes cristianos deben tener esperanzas para el cambio. Deben experimentar sinceridad en su confesión, arrepentimiento y limpieza de cualquier pecado de inmoralidad o impureza. Deben construir vallas protectoras en su vida y romper con cualquier relación inmoral. Deben estar alerta en cuanto a las amistades que puedan conducir a relaciones inmorales o adúlteras. Deben dejar de racionalizar. Deben dejar de pensar que divorciarse es una solución.

Reconstruye tu matrimonio de manera cuidadosa. Pide a otros líderes que te acompañen en el proceso. Encuentra a alguien a quien rendir cuentas. El mejor consejo no sirve en contra de las grandes tentaciones, a menos que se tome seriamente dentro del corazón y los hábitos sean transformados para vivir una vida correcta.

"Por lo tanto, si alguien piensa que está firme, tenga cuidado de no caer" (1 Corintios 10:12).

Notas Finales

Hemos examinado la importancia del desarrollo del carácter y como un líder debe exhibir habilidades innatas que reflejan el carácter de Dios en cada situación y hacia todas las personas. Las áreas generales del desarrollo del carácter incluyen lo espiritual, personal, hogar, social, educacional, ministerial, matrimonial y financiero. A veces, el desarrollo del carácter de una persona puede resultar en grandes costos emocionales, físicos o financieros.

También hemos evaluado el desarrollo del carácter y el ejemplo del liderazgo de Pablo, quien exhorta a los lideres a que fueran irreprochables, apacibles, templados, respetables, hospitalarios, enseñables, generosos, libres de cualquier atadura del dinero o de las posesiones, honrosos, amante de lo bueno, entre otras cosas. De las enseñanzas de Pablo, podemos recoger que el éxito en el liderazgo no estará en el funcionamiento, sino en los resultados. Este debe ser el objetivo de cada líder. La carrera del desarrollo del carácter debe correrse de acuerdo a las reglas establecidas por Dios, quien nos ha llamado a cumplir sus grandes propósitos.

Finalmente, examinamos el área de la pureza moral en la vida de un líder. En una era y cultura en que la inmoralidad esta desenfrenada, los líderes de Dios deben ser cuidadosos para protegerse de tener pecados secretos, pensamientos impuros, y hábitos deshonrosos. Por el contrario, deben ser diligentes para aplicar diariamente la sangre de Jesús a sus pecados, caminando delante de Dios en verdadera santidad. Una vida de carácter es una vida de santidad. Como líder, tú debes correr de acuerdo a las resoluciones no negociables a las que te has comprometido. Toma la decisión de mantener en alto las 21 resoluciones que distinguen a un buen líder:

1. Yo me comprometo a gobernar mi vida por el principio de pureza. (1 Corintios 7:1; 1 Pedro 1:15-17; 1Corintios 9:27; Romanos 12:1-2; Filipenses 4:8-9; 1 Pedro 1:14-15).

2. Yo me comprometo a gobernar mi vida al someterme a todos los niveles de la autoridad divina. (1 Corintios 10:8; Mateo 7:28).

3. Yo me comprometo a mantener mi fe en Dios y en su Palabra. (Josué 24:15; Hebreos 4:12; 2 Timoteo 3:16; Lucas 16:17).

4. Yo me comprometo a mantenerme arraigado a los pensamientos piadosos que vienen a mi mente cada día. (Jeremías 29:11-12; Salmo 85:8; Juan 10:27).

5. Yo me comprometo a mantener mi espíritu por encima de las palabras y las ideas de los hombres. (1 Timoteo 1:6; 1 Corintios 2:4-5; 1 Tesalonicenses 2:6-7; Romanos 12:1-2).

6. Yo me comprometo a mantener mi visión para ver más allá de lo inmediato hacia lo eterno. (2 Corintios 4:17; 1 Corintios 2:9-10).

7. Yo me comprometo a mantener mi perspectiva de fe, mirando hacia lo positivo en los momentos peores de la vida. (Daniel 3:16-18; Hebreos 11:1-3).

8. Yo me comprometo a mantener una búsqueda implacable de un verdadero avivamiento bíblico. (Oseas 10:12; Salmo 85:6).

9. Yo me comprometo a mantener mi pasión por construir una Iglesia local que impacte su alrededor. (Mateo 16:18-20; Hechos 2:37-47).

10. Yo me comprometo a aferrarme al manto que Dios está preparando para mí. (1 Reyes 19:16-21; 2 Reyes 2:13-15; Jeremías 17:10; Lucas 9:62).

11. Yo me comprometo a mantenerme en el llamado de convertirme en el reformador de mi generación. (Génesis 7:1; Jueces 2:10; Ester 4:14).

12. Yo me comprometo a mantener las relaciones del pacto todos los días de mi vida. (2 Samuel 18:3; 2 Crónicas 23:1).

13. Yo me comprometo a tener un espíritu de avance, rechazando cualquier actitud de retraimiento. (Éxodo 14:16; Filipenses 4:8-11).

14. Yo me comprometo a inclinar mi corazón hacia alcanzar a las personas perdidas y a aquellos que no van a la Iglesia. (Juan 4:35; Mateo 9:35-37).

15. Yo me comprometo a mantener un espíritu y actitud de nunca rendirme. (Gálatas 6:9; Proverbios 24:10; Juan 19:30; 2 Timoteo 4:7; Miqueas 7:7-8; Proverbios 24:16).

16. Yo me comprometo a mantener las semillas de sueños que Dios me ha dado por medio de la fe. (Proverbios 13:12; Deuteronomio 1:21; Proverbios 4:23; Génesis 37:1-10).

17. Yo me comprometo a destruir todos los baluartes en mi mente, los cuales impiden el obra de Dios en mi. (2 Corintios 10:3-5; Romanos 12:1).

18. Yo me comprometo a soportar las contradicciones de la vida por medio de la fe y la oración. (2 Corintios 6:1-4; Santiago 4:7-10).

19. Yo me comprometo a mantener mi firme compromiso de mantener mis ojos abiertos para ver los milagros y lo sobrenatural en mi vida cotidiana. (Hebreos 13:8; Jueces 6:13; 1 Corintios 12:10,28; Gálatas 3:5).

20. Yo me comprometo a mantener un espíritu perdonador, para todos, en todo momento. (Mateo 18:21-22; Mateo18:32-34; Mateo 6:14-15; Hebreos 12:15; Efesios 4:30-32).

21. Yo me comprometo a mantener mi integridad, ya que es el logro más importante de mi vida y mi ministerio. (Génesis 20:5-6; 1 Reyes 9:4; Job 27:5; Salmo 25:21; Salmo 26:1; Salmo 78:72; Proverbios 10:9).